· 吕梁市

· 晋中市

· 阳泉市

# 山西文物要览

SHANXI WENWU YAOLAN

《山西文物要览》编委会　编

山西出版传媒集团
三晋出版社

图书在版编目（CIP）数据

山西文物要览. 二 / 《山西文物要览》编委会编. 太原 : 三晋出版社, 2024. 8. -- ISBN 978-7-5457-3031-9

Ⅰ. K872.25

中国国家版本馆CIP数据核字第2024CP3735号

山西文物要览（二）

编　　者：《山西文物要览》编委会
责任编辑：秦艳兰
助理编辑：刘静萱
责任印制：李佳音

出 版 者：山西出版传媒集团·三晋出版社
地　　址：太原市建设南路21号
电　　话：0351-4956036（总编室）
　　　　　0351-4922203（印制部）
网　　址：http://www.sjcbs.cn

经 销 者：新华书店
承 印 者：山西新华印业有限公司

开　　本：889mm×1194mm　1/16
总 印 张：165.75
总 字 数：1442千字
版　　次：2024年8月　第1版
印　　次：2024年9月　第1次印刷
书　　号：ISBN 978-7-5457-3031-9
定　　价：980.00元（全五册）

如有印装质量问题，请与本社发行部联系　电话：0351-4922268

# 《山西文物要览》编委会



## 编委会办公室

## 资料保障组

陈德刚 石　莹 韩　莹 刘月平 尹新凤 刘　鹏 张建明 王晋亭 段利民
郭卫平 王丽业 王建萍 高　龙 王淑敏 武靖凯 刘依尘 乔佳伟 周　宁
胡　元 庄　严 任志强 王　昕 李云帆 吕柯楠 柴琳洁 王超永 曹　阳
申林娟 张婷翔

## 专家编审组（按姓氏笔画排序）

王　苗 王　婷 王小龙 尹　帅 古慧莹 叶若琛 田　园 史　君 冯　燕
刘　岩 刘建昭 芦宝琴 李　莉 李小龙 李晓霞 李海英 杨晓芳 宋　阳
张光辉 张国花 张洪峰 张晓清 张雅婕 林春杏 赵　彬 段恩泽 施光玮
袁　琦 高宇星 曹芳芳 韩　琳 韩若冰 韩炳华 雷　伟 简　莉

## 图片提供者（按姓氏笔画排序）

王　妍 王　松 王　涛（太原） 王　涛（临汾） 王　乾 王　敏 王　超 王卫明
王志勇 王丽新 王政涛 王鹏飞 牛海泉 巴艳波 左义聪 石振华 田　治
田怡蕊 田玲玲 史振宇 兰　杰 皮子龙 吉学东 成永平 吕旭燕 刘　冬
刘小江 刘东虹 刘永平 刘园礼 刘宏亮 刘泽强 闫文成 闫志鹏 孙泽青
孙慧琴 李　广 李广洁 李丽珍 李贵显 李振文 李晓翠 杨　平 杨卫平
吴国忠 辛　泰 宋维炉 张　义 张小平 张少毅 张庆金 张园园 张宝顺
张建军 张哲远 张晓剑 张海燕 张朝阳 陈博敏 武　冬 尚银龙 季文韦
季保全 阜　阳 周礼忠 郑海伟 郑珺文 赵　伟 赵永刚 赵志国 赵雨星
段振亮 袁国华 贾笑梦 贾家璇 高房斌 高新生 郭　健 郭国伟 黄赞民
曹　亮 崔元喜 崔文锋 梁　铭 韩　凯 韩　锐 景　鹏 景仲春 廉田静
蔺亚璐 蔺鸿斌 樊文珍 穆　榕 穆世斌 魏云龙

# 出版说明

文物承载灿烂文明，传承历史文化，维系民族精神。习近平总书记对文物保护工作念兹在兹、关怀备至。党的十八大以来，习近平总书记四次亲临山西，每次都深入文化遗产地和基层文博机构考察，反复强调要坚定文化自信、全面提升文物保护利用和文化遗产保护传承工作水平，为我们做好新时代文物工作指明了前进方向、提供了根本遵循。

山西是中华文明的重要发祥地，文化积淀博大厚重，文物资源灿若星辰。山西文物具有文明起源遗存富集、古代建筑冠居全国、彩塑壁画瑰丽绚烂、造像石刻精品荟萃、民居城池蜚声遐迩等突出特点。山西省第三次全国不可移动文物普查登记不可移动文物53875处，位居全国前列。其中，全国重点文物保护单位531处，约占全国总数的10.5%，居全国第一，省级文物保护单位779处；现存古建筑28027处，其中元代及元以前木构古建筑500余处，占到全国80%以上，特别是全国仅存的3座完整的唐代木构古建筑均在山西；现存唐代以来彩塑12000余尊、壁画50000余平方米，均居全国第一；现存古戏台2800余座，居全国第一；旧石器遗址、地点共800余处，居全国前列。山西已登记可移动文物320余万件，收藏于413家国有文物收藏单位，位居全国前列。其中珍贵文物76124件，包括一级文物5515件、二级文物17082件、三级文物53527件。

为认真贯彻落实习近平总书记关于文物保护利用和文化遗产保护传承的重要论述重要指示批示精神，系统展示山西重要文物资源，促进社会各界力量参与到山西文物保护利用中来，我们编纂出版《山西文物要览》一书。本书共分为五卷，收录全国重点文物保护单位和省级文物保护单位 1131 处，包括古文化遗址 179 处、古墓葬 86 处、古建筑 828 处、石窟寺及石刻 35 处、其他 3 处。

本书内容条目按照市、县行政区划顺序排列。在同一行政区域内，先列全国重点文物保护单位，再列省级文物保护单位。在文物保护单位中，按照古文化遗址、古墓葬、古建筑、石窟寺及石刻的顺序编排。

文物保护单位的介绍，以公布时的说明为主。存在学术争论的，主要采纳被广泛接受的主流观点。文物单位的编写内容包括类型、时代、位置、保护单位公布时间和批次、历史沿革、遗存构成、重点遗存介绍及价值等。

每个文物保护单位附图 1—3 张。文物保护单位体量特别大的，适当增加图片。附图按照先宏观后微观的顺序编排，即遗存全貌、遗存局部、能够说明遗存时代和性质的关键性位置图片或器物图片。

习近平总书记指出，文物和文化遗产承载着中华民族的基因和血脉，是不可再生、不可替代的中华优秀文明资源。我们期待《山西文物要览》一书的编纂出版，能够助力文物保护利用，讲好文化遗产里的山西故事，推动三晋优秀传统文化焕发新的时代光彩，为山西实现从文物大省向文物强省、文化大省向文化强省的跨越作出贡献。

《山西文物要览》编委会

# 目录

## 吕梁市

## 临　县



## 柳林县



## 石楼县



## 岚　县



## 方山县



## 中阳县

## 交口县



## 孝义市



## 汾阳市

# 晋中市

## 榆次区



## 太谷区



## 榆社县

## 左权县



## 和顺县



## 昔阳县



## 寿阳县

## 祁　县



## 平遥县

## 灵石县



## 介休市

## 阳泉市

### 郊　区



### 平定县



### 盂　县

# 吕梁市

山西
文物
要览

❶ 离石区

❷ 文水县

❸ 交城县

❹ 兴　县

❺ 临　县

❻ 柳林县

❼ 石楼县

❽ 岚　县

❾ 方山县

❿ 中阳县

⓫ 交口县

⓬ 孝义市

⓭ 汾阳市

# 马茂庄汉墓群

位置 吕梁市离石区城关镇马茂庄村西

时代 东汉

类型 古墓葬

2001 年，被国务院公布为第五批全国重点文物保护单位。

1919 年，马茂庄山梁出土阴刻“使者节中郎将莫府奏曹使西河左表字元异之墓”等两根石柱；1990 年冬，山西省考古研究所在此发掘 3 座汉画像石墓；1993 年，马茂庄左表墓被洪水冲刷，该墓群被发现。

目前发掘的有确切纪年的画像石墓在公元 150 年—180 年间，墓葬分布范围约 2.5 平方千米，墓葬群范围约 2 平方千米，年代主要集中在东汉时期。墓葬一般距地表深 2—5 米，墓葬形状有正方形、凸字形、长方形，形制有单室、二室、三室和四室。墓道长达 30 米左右。画像石一般分布在墓门处和前室四壁。已发掘的墓葬中，出土画像石最多的一座有 29 块。有的画像石上有墨书或石刻铭文，部分画像石上施彩。画像内容有神话传说、历史故事、建筑、歌舞宴乐、郊游狩猎、车骑出行等，一些画像石上还有纪年。

马茂庄汉墓群的画像石具有独特的艺术特征，采取减地平刻的形式，细部用墨线勾勒，刻画凝重古拙，构图简洁疏朗。

汉画像石是汉代艺术家雕刻在石料上的艺术品，马茂庄是全国汉画像石墓集中分布区域之一，为研究汉代埋葬制度、文化生活、绘画艺术提供了重要的实物资料。

马茂庄汉墓群出土朱雀铺首门扉石拓片

马茂庄汉墓群出土门框拓片

马茂庄汉墓群出土画像石拓片

马茂庄汉墓群出土画像石拓片

# 安国寺

位置 吕梁市离石区交口街道杜家山村西约1千米

时代 明代

类型 古建筑

2001年，被国务院公布为第五批全国重点文物保护单位。

安国寺原名“安吉寺”，曾为唐代宗女昌化公主食邑地。据碑载，安国寺创建于唐贞观十一年（637），明、清多次修缮。

安国寺坐北向南，占地面积12.7万平方米。寺院依山而建，呈弧形分布，从西向东依次有山门、牌楼、于中丞公生祠、佛殿、于清端公祠、读书楼、莱公别墅。于中丞公生祠、莱公别墅独立成院，佛殿、读书楼、于清端公祠连为一体。现存建筑佛殿、铜塔楼为明代遗构，其余建筑为清代遗构。

佛殿院为安国寺的主体院落，建于明代。轴线上自南向北建铜塔楼、钟鼓楼、佛殿。佛殿两侧有东西耳殿；西侧北僧窑为砖券窑洞4孔，南为山门2座、配殿1座。佛殿建在高0.63米的石砌台明上，面阔五间，进深六椽，单檐悬山顶，六檩前出廊构架，雀替镂空木雕缠枝花卉。明、次间设六抹隔扇门，梢间为槛墙、直棂窗。殿内东西山墙存壁画72平方米。

莱公别墅建于清代，位于安国寺主体建筑群北侧，依山崖而建，是清康熙年间江宁巡抚于准的个人居所，坐北向南，占地面积约6000平方米。北有窑洞遗址、摩崖石刻。于中丞公生祠位于安国寺主体建筑群西侧，坐西向东，占地面积479.45平方米，重建于雍正七年（1729），2007—2008年修缮，现存建

安国寺全景

安国寺铜塔楼

安国寺佛殿内景

安国寺听月泉

筑为清代遗构。中轴线上自东向西有大门、照壁、正殿。正殿为二层建筑，一层为 4 孔石砌拱券窑洞，前设挑檐；二层面阔五间，进深三椽，单坡硬山顶。大门为单檐悬山顶。大门前南、北两侧有砖石砌台阶，台阶北侧有 3 孔石券窑洞。大门对面有石砌照壁，中

嵌雍正七年（1729）所立《大中丞于公生祠记》石碣1方。

另存碑12通、石狮2尊、摩崖石刻1处、石碣10方，其中1方石碣嵌于芦则峁村中王金贵院内墙上。

# 天贞观

位置 吕梁市离石区滨河街道前瓦村

时代 明代至清代

类型 古建筑

2006年，被国务院公布为第六批全国重点文物保护单位。

天贞观创建于宋代，元代曾遭火焚，明、清均进行过重修、维修、扩建，1986—2006年进行过多次维修，现存建筑为明清风格。

天贞观坐北朝南，占地面积约3570平方米，依山而建，形成上下两院，上院自西向东现存三清殿、僧舍、孙真人殿、读书楼、上院门、膳房，下院自西而东现存观音殿、陈抟殿、玉皇楼、雷公殿、三官殿。观外台阶两侧现存关帝庙、土地庙、五道庙等。

陈抟殿位于天贞观下院，因供奉宋代著名道士陈抟而得名。其创建年代不详，据殿内梁架题记载，明景泰年间、清代均进行过重修，现存主体结构为明代建筑。陈抟殿建在石砌台基上，面阔三间，进深四椽，单檐悬山顶，五檩前出廊构架，屋顶施有琉璃脊饰。殿内神台上存陈抟及侍者像3尊。山墙上存道教壁画约32平方米，为明永乐十一年（1413）修建武当山宫观感应图，壁画上部为十次神主显现图，下部为武当山全景鸟瞰图，图中亭台楼阁采用沥粉贴金绘制，具有较高的艺术价值。

观内还有碑3通、石碣19方、经幢1尊。

天贞观全景

天贞观陈抟殿

天贞观孙真人殿

# 离石文庙

位置 吕梁市离石区莲花街道南关村贺中院内

时代 元代、清代

类型 古建筑

2004年，被山西省人民政府公布为第四批省级文物保护单位。

离石文庙始建于元代，明洪武七年（1374）重修，清乾隆、同治年间屡经修缮，2010年全面维修。文庙坐北向南，一进院布局，占地面积1935平方米。中轴线仅存大成殿，东西两侧均有5间配殿。

大成殿为明代遗构，建在高1.9米的石砌台基上，面阔七间，进深十椽，单檐歇山顶，绿琉璃瓦屋面，吻兽、脊饰均为黄色琉璃。四周围廊，施斗栱十三攒，斗栱为五铺作双杪双下昂，每边有柱头科八攒、平身科五攒。前檐门窗已改，覆盆柱础。另存石碣1方。

离石文庙全景

离石文庙大成殿

# 上贤梵安寺塔

位置 吕梁市文水县孝义镇上贤村南

时代 宋代、明代

类型 古建筑

2013年，被国务院公布为第七批全国重点文物保护单位。

上贤梵安寺塔俗称“上贤塔”。据明天启五年（1625）《文水县志》记载，该寺始建于北宋崇宁五年（1106），明隆庆五年（1571）重修。梵安寺现已毁，仅存此塔。

上贤梵安寺塔为七层八角楼阁式砖塔，无基座，残高45米。底层每面边长均为6.3米，直径16.6米，顶层直径8.3米。塔身一层内设塔室，塔心室与塔壁间有回廊，其内分设天宫、地宫，原有楼板、楼梯，可登临。塔身逐层收分，每层均叠涩出檐，1—7层在檐下及平座处有砖雕仿木构斗栱，造型别致，内容丰富，表现出批竹昂头和底面上卷昂头共存等重要特征。塔刹已毁。

该塔造型与特点突出，是研究宋代砖塔发展演变的珍贵实例，具有重要的历史价值和艺术价值。

上贤梵安寺塔

上贤梵安寺塔一层

# 则天庙

位置 吕梁市文水县凤城镇南徐村中

时代 金代

类型 古建筑

1996年，被国务院公布为第四批全国重点文物保护单位。

据正殿梁架题记及碑文记载，则天庙始建于唐代，金皇统五年（1145）、明正统十三年（1448）、清康熙十六年（1677）、清光绪十八年（1892）及三十四年（1908）屡有修葺。则天庙坐北朝南，一进院落布局，占地面积1758.34平方米。中轴线由南向北依次建有乐楼、正殿，东西两侧为钟鼓楼、东西碑廊、东西配殿及东西耳殿。现存建筑正殿为金皇统五年（1145）遗构，乐楼为清代建筑，余皆为1984年重建。

正殿建在高0.75米的砖砌台基上，面阔三间，进深八椽，单檐歇山顶。乐楼建在高2.3米的砖砌台基上，面阔三间，进深五椽，六檩卷棚顶梁架，柱头斗栱一斗二升。乐楼台基中间有过道，南部为木构门楼，作为则天庙的山门。

庙内现存清维修碑6通，另有题记及收集的有关监课、调任及重修他处庙宇祠堂、规划水程的石碑30余通。

则天庙山门

则天庙乐楼背面

则天庙正殿

# 上贤遗址

位置 吕梁市文水县城南9千米上贤村

时代 新石器时代

类型 古文化遗址

1965年，被山西省人民委员会公布为第一批省级文物保护单位。

上贤遗址的年代主要处于新石器时代龙山晚期。遗址面积较大，范围东至太军公路西侧的土坡，西至上贤梁顶部，北至马村界沟，南至上贤村南，面积2万平方千米。

遗址文化层距地表深60厘米，地层断面多灰坑，地面散存绳纹灰陶片。采集到的标本有石斧、石削、陶鬲、灰陶片、红陶片等。遗址东部多是灰坑，发现陶窑址两处。西部为山坡地带，有部分半地穴房屋遗迹。

该遗址时代较为集中，主要为龙山晚期，且遗存丰富，是了解该地此阶段发展状况的一处重要窗口。

上贤遗址全景

上贤遗址文化层

上贤遗址灰坑

# 石永市楼

位置 吕梁市文水县下曲镇石永村

时代 明代

类型 古建筑

2021年，被山西省人民政府公布为第六批省级文物保护单位。

石永市楼创建于明代，据碑载，明弘治十年（1497）重修，清康熙五十三年（1714）、乾隆四十一年（1776）、光绪十七年（1891）屡有修葺。市楼坐北朝南，占地面积116平方米。现存建筑为明代遗构。

市楼为过街楼阁，平面呈方形，为二层三檐十字歇山顶建筑。台基高0.25米。一层面阔、进深均为三间。二层出平坐，面阔二间，进深三间，周檐设廊。楼中心设4根通柱，并在柱身、柱头横纵以枋子联构成井字形框架体系。斗栱四面交圈，一层斗栱为三踩单翘，平坐斗栱五踩双翘；二层檐下斗栱为三踩单昂；三层檐下斗栱为七踩单翘双昂，均为蚂蚱耍头。一层顶部天花上绘龙凤及八仙图案。一层南部有楼梯，可通向二层。二层四面各有四扇六抹隔扇门。角梁均挂风铎，楼顶覆盖绿色琉璃瓦。一层存清代乾隆和光绪年间重修碑9通。楼身檐下悬挂匾额9方，其中西侧的“便是西天”为明弘治十年（1497）重修时匾额。

石永市楼一层天花

石永市楼斗栱

石永市楼正面

# 开栅能仁寺



位置 吕梁市文水县开栅镇开栅村中

时代 明代至清代

类型 古建筑

2016 年，被山西省人民政府公布为第五批省级文物保护单位。

开栅能仁寺创建年代不详，据寺内石碣记载，乐楼、关帝殿为清代重建。2002 年，村民集资对该寺进行了修缮。能仁寺坐北朝南，二进院落布局。中轴线由南至北分别为乐楼、关帝殿、正殿，乐楼两侧建有东西侧门。现存正殿为明代建筑，其余为清代遗构。

正殿建在石砌台基上，面阔三间，进深四椽，单檐悬山顶，五檩前出廊架构。柱头斗栱为三踩单昂，蚂蚱头耍头。关帝殿建在石砌台基上，面阔三间，进深四椽，单檐硬山顶，五檩前出廊架构，前出卷棚顶抱厦。抱厦面阔一间，四檩卷棚构架。柱头斗栱为三踩单昂，龙头耍头。乐楼建在高 1.8 米的石砌台基上，面阔三间，进深五椽，单檐前歇山顶、后卷棚式顶。柱头斗栱为三踩单昂，龙头耍头。楼两侧各建一座侧门，面阔一间，进深四椽，一斗二升雕花栱，龙头耍头。东侧门额书“存浩气”，西侧门额书“显英气”。

寺内正殿是吕梁市现存最大的明代建筑之一，其建筑结构、用材、制作手法及梁架题记等，均与现存实物年代特征相吻合，是研究吕梁区域明代建筑的珍贵实物资料，具有较高的历史、科学价值。

开栅能仁寺远景

# 麻家堡关帝庙

位置：吕梁市文水县南庄镇麻家堡村内西北

时代：清代

类型：古建筑

2016 年，被山西省人民政府公布为第五批省级文物保护单位。

据庙内现存清代碑刻载，麻家堡关帝庙始建于清康熙初年，清乾隆三十年（1765）、道光十年（1830）、道光十八年（1838）、同治五年（1866）、同治十三年（1874）、光绪三十一年（1905）均进行过修葺。关帝庙坐北朝南，二进院落布局。中轴线由南向北依次建山门、过厅、正殿，两侧建有东西耳殿、东西碑廊、东西配殿、东西厢房、钟鼓楼。庙外南侧中轴线上建有戏台，与庙宇相对而立。现存建筑均为清代遗构。

正殿面阔三间，进深六椽，单檐硬山顶。殿内东西山墙绘工笔重彩人物故事连环画，约 40 平方米。庙内现存清代重修碑 10 通。

麻家堡关帝庙是一处集清代建筑、壁画、彩画于一体的完整古建筑群，历史脉络清晰，时代特征明显，建造工艺精细，是文水县现存较早、规模较大、布局最为完整的关帝庙，是研究关帝庙建制和清式营造手法的珍贵实例，具有较高的历史价值。

麻家堡关帝庙山门

麻家堡关帝庙正殿

# 卦山天宁寺

交城县

位置　吕梁市交城县天宁镇田家山村西北

时代　唐代至清代

类型　古建筑

2006年，被国务院公布为第六批全国重点文物保护单位。

卦山天宁寺始建于唐贞观元年（627），贞元十六年（800）建普光明殿，明洪武十九年（1386）重修，永乐十六年（1418）、正德三年（1508）重建大雄宝殿，正德六年（1511）创建南殿，清顺治十一年（1654）建登彼岸石牌坊、六十六台阶，康熙四十七年（1708）重建毗卢阁，乾隆四十年（1775）大修天宁寺，嘉庆九年（1804）大修大雄宝殿，咸丰二年（1852）、宣统三年（1911）、1987年全面大修，1994年落架大修千佛阁，2008年挑顶大修大雄宝殿，重建毗卢阁前护坡。

天宁寺坐北朝南，三进院布局，占地面积5581平方米。中轴线从南向北依次为石牌坊、六十六台阶、山门、千佛阁、大雄宝殿、毗卢阁，东西两侧依次为一进院厢房、钟鼓楼、二进院配殿、偏殿。毗卢阁东跨院有文星阁，西跨院北端为地藏殿、西端为三教堂。附属建筑有华严经塔、东西塔林等。现存建筑为明、清遗构。

大雄宝殿面阔五间，进深七椽，单檐悬山顶，五架梁前劄牵后乳栿式梁架。前檐柱下为青狮、白象、朝天犼石雕柱础。

卦山天宁寺全景

卦山天宁寺山门

卦山天宁寺大雄宝殿

卦山天宁寺大雄宝殿佛像

卦山天宁寺戟门

卦山天宁寺瞭敌楼

卦山天宁寺大雄宝殿及毗卢阁

# 交城玄中寺

位置：吕梁市交城县洪相乡洪相村北

时代：明代至清代

类型：古建筑

2013年，被国务院公布为第七批全国重点文物保护单位。

交城玄中寺始建于北魏延兴二年（472），初名“石壁寺”，唐元和十五年（820）、金泰和年间、明永乐年间重修，中华人民共和国成立后屡次重修。寺院占地面积约为12000平方米，建筑面积6500平方米，主要由寺院殿堂、秋容塔、塔院、迁安桥、摩崖石刻、历代石刻等构成。

天王殿建于明万历三十三年（1605）；钟鼓楼始建于清顺治十四年（1657），殿面阔三间，进深四椽，单檐歇山顶，五架梁式梁架，施三踩单昂斗栱。寺东秋容塔建于金泰和四年（1204），迁安桥于清康熙元年（1662）迁建于此。井儿沟龙潭保存有宋代摩崖石刻。塔院东南区域内灵塔已毁，西北区域现存31座灵塔。

寺院内保留碑刻80余通，其中著名的有北魏延昌四年（515）造像碑（残）、北齐四面千佛幢、隋开皇造像碑、唐石壁寺铁弥勒像颂并序碑、唐石壁寺甘露无碍义坛碑、唐特赐寺庄山林地土四至记碑、元帕思巴文圣旨碑、大谷莹润显彰之碑等。

交城玄中寺历史悠久，文物遗存丰富，被日本净土宗与净土真宗奉为祖庭，在佛教史和中日交流史上占有重要地位，具有重要的历史和文化价值。

交城玄中寺大雄宝殿

交城玄中寺韦陀殿

交城玄中寺七佛殿

交城玄中寺全景

# 竖石佛摩崖造像

位置：吕梁市交城县岭底乡竖石佛村南约500米

时代：北齐至唐代

类型：石窟寺及石刻

2019 年，被国务院公布为第八批全国重点文物保护单位。

竖石佛摩崖造像亦称“竖石佛石刻”，创建于唐代。寺东西长 18.8 米，南北宽 10.88 米，占地面积 204.5 平方米。正殿建筑于明末毁于兵燹，明正德十六年（1521）重建，清康熙五十四年（1715）重修告竣，道光七年（1827）大修，解放战争时期拆毁。

石窟刻于一块独立的大石上，大石高 7.2 米，长 8.88 米，顶部呈金字塔状，立面面积 63.94 平方米。共计窟龛 62 个，龛内圆雕释迦牟尼佛及菩萨、金刚、力士等造像 100 余尊。正中 1 号窟最大，火焰门，洞口呈方形，宽 1.4 米，高 1.5 米，进深 1.2 米。雕饰内容丰富，主尊释迦牟尼佛结跏趺坐，肉髻高大，着双肩大衣，内穿僧祇支，衣纹呈 U 形雕饰，疏朗、简略。阿难、迦叶合十侍立。左侧佛像结跏趺坐，右侧佛像倚坐，窟口两侧有力士；胁侍菩萨立像依山雕凿。浮雕佛塔位于岩面南侧，高 1.9 米，下部平座呈方形，塔身一层，方形塔门，为唐宋时期四门塔式样，塔檐叠涩挑出；中部莲座以上又设两层四面千佛龛；上部为塔刹部件。

竖石佛摩崖造像近景

竖石佛摩崖造像 1 号窟全景

竖石佛摩崖造像浮雕塔

# 瓦窑遗址

位置 吕梁市交城县西北2千米城关镇瓦窑村

时代 新石器时代

类型 古文化遗址

1986年，被山西省人民政府公布为第二批省级文物保护单位。

瓦窑遗址属于新石器时代仰韶文化、龙山文化范畴，分布于瓦窑河口两岸的台地黄土层中，河东区北至卦山西顶，东至文昌宫，南至驮煤道，西至瓦窑河；河西区北至碌碡坪，西至神头凹，南至瓦窑村，总面积约70万平方米。

遗址内文化遗存丰富，含有陶窑、墓葬、居室、灰坑等，地表散落大量打制石器、磨制石器、彩陶、灰陶、黑陶等。彩陶有典型的尖底瓶口沿等残片，黑陶有鬲、罐等残片，石器有石刀、石斧、石锛、石凿、纺轮等。此外，还发现了小型玉璧、骨器。

这些文化遗存为了解当时人类的生活方式、生产技术、审美观念等提供了实物资料，对研究新石器时代的社会、经济、文化等方面具有重要意义。

瓦窑遗址新石器时代龙山文化标本

瓦窑遗址汉代标本

# 古瓷窑址

位置 吕梁市交城县城东北3千米磁窑村

时代 唐代至宋代

类型 古文化遗址

1996年，被山西省人民政府公布为第三批省级文物保护单位。

古瓷窑址时代属唐宋时期，有河东区和河西区两处，河东区南北长200米，东西宽200米；河西区南北长300米，东西宽200米。窑址范围内发现大量黑、白、青、黄褐等瓷器残片堆集，部分区段厚达1米，器形多以盆、碗、罐等生活用瓷为主，也有少量白釉绿斑标本和白釉红斑稀有标本。

遗址中发现不少唐代黑釉斑点腰鼓标本，但与河南鲁山段店、禹县下白峪等地腰鼓遗存略有不同，交城窑腰鼓形体较小，胎较薄，斑点有明显的笔痕，其发现为唐代花瓷腰鼓产地的研究提供了重要的资料。

古瓷窑址堆积层

古瓷窑址宋代窑具标本

古瓷窑址宋代瓷碗残片标本

# 永福寺

位置　吕梁市交城县天宁镇阳渠村中

时代　明代至清代

类型　古建筑

1996年，被山西省人民政府公布为第三批省级文物保护单位。

永福寺创建于隋开皇二年（582），明洪武九年（1376）、宣德九年（1434）、万历年间重修，清乾隆、光绪年间再修，1986年挑顶大修钟楼。永福寺坐北朝南，二进院布局，占地面积6145.75平方米。中轴线自南向北依次为戏台、天王殿、大雄宝殿、三教堂；一进院东南角为钟楼，西南角为鼓楼，东西两侧建厢房；二进院东侧为娘娘殿、罗汉殿，西侧为三霄殿、地藏殿；三教堂东西两侧为耳殿。大雄宝殿、三教堂、东西耳殿为明代遗构，其他建筑为清代遗构。

大雄宝殿面阔三间，进深六椽，单檐歇山顶，五踩双下昂斗栱。殿内随梁板有光绪十二年（1886）墨书。天王殿于明万历年间重修，清乾隆四十二年（1777）、光绪十三年（1887）两次重修，面阔三间，进深六椽，单檐歇山顶，七檩前后廊式梁架，施五踩双下昂。明间前檐柱下为朝天犼石雕柱础。

永福寺大雄宝殿

永福寺地藏殿

永福寺三圣殿

永福寺天王殿

# 交城弥陀寺

位置 吕梁市交城县天宁镇东关居委会东关街麻叶寺巷

时代 明代至清代

类型 古建筑

2021 年，被山西省人民政府公布为第六批省级文物保护单位。

交城弥陀寺俗称“麻叶寺”，创建年代无考，明万历十四年（1586）、清康熙五十四年（1715）重修，乾隆二十六年（1761）建东禅院，乾隆四十一年（1776）建西禅院，嘉庆二十年（1815）再修。寺坐北朝南，两进院落，东西长 43.29 米，南北宽 61.49 米，占地面积 2662 平方米。中轴线自南向北依次为山门、大雄宝殿、七佛殿，西侧自南向北依次为一进院西配殿、二进院西配殿、西耳殿。现存七佛殿为明代建筑，其他建筑为清代遗构。

大雄宝殿面阔三间，进深六椽，单檐悬山顶，七檩前廊式梁架，施五踩单昂斗栱。七佛殿面阔五间，进深六椽，单檐悬山顶，七檩前后廊式梁架，施五踩双昂斗栱。

交城弥陀寺全景

交城弥陀寺大雄宝殿

交城弥陀寺山门

# 交城广生院

位置：吕梁市交城县天宁镇东关居委会槐树街4号

时代：清代

类型：古建筑

2021 年，被山西省人民政府公布为第六批省级文物保护单位。

交城广生院建于清康熙十五年（1676），乾隆二十九年（1764）及五十七年（1792）、2000 年重修。广生院坐南朝北，为一进院落，东西长 23.53 米，南北宽 29.485 米，占地面积 694 平方米。中轴线北端为山门，南端为正殿，东西两侧建厢房。现存建筑为清代遗构。

山门面阔三间，进深四椽，五架梁式梁架，北檐廊步架屋顶为歇山顶，廊步架以南为硬山顶，施三踩单昂斗栱。正殿为两层，下层砖碹窑洞，面阔三间，上层木构，进深四椽，四架梁前廊式梁架，单檐硬山顶。

交城广生院山门

交城广生院正殿

交城广生院西厢房

# 梁家庄狐侯祠

吕梁市交城县天宁镇梁家庄村中

清代

古建筑

2021年，被山西省人民政府公布为第六批省级文物保护单位。

梁家庄狐侯祠创建年代无考，清康熙三十九年（1700）、乾隆十三年（1748）、同治十三年（1874）重修。

狐侯祠坐北朝南，一进院落，东西长22.88米，南北宽29.65米，占地面积678平方米。中轴线南端为山门，北端建正殿，两侧分别为配殿、耳殿。现存建筑为清代遗构。

正殿面阔三间，进深六椽，单檐悬山顶，七檩前廊式梁架，施三踩斗栱七攒。殿内两侧山花板墨绘人物、花草壁画18幅，面积约13.7平方米。后墙明间正中顶端置石狮1只，蹲姿，头朝北。钟鼓楼高两层，下层砖砌墙体围护，设门，上层木构，面阔一间，进深四椽，单檐悬山顶，五架梁式梁架。

梁家庄狐侯祠全景

梁家庄狐侯祠正殿

# 碧村遗址

位置　吕梁市兴县高家村镇碧村北

时代　新石器时代

类型　古文化遗址

2019年，被国务院公布为第八批全国重点文物保护单位。

碧村遗址主体年代以龙山时代晚期为主，下限可延续至二里头时代偏早阶段，城址面积75万平方米。该遗址是一处具有内外双重城墙的石城聚落，属于蔚汾河流域及周边区域公元前2000年前后的区域中心。

遗址借助南、北、西三面环河临沟的天险，在其东部、中部各修筑一道纵贯南北、连接两端河沟的城墙，形成两重封闭空间。其外城墙及城门设置于东部城墙圪垛，内城墙及城门位于中部的石门墕，核心建筑群则修建于地处内城之中的小玉梁。

研究表明，碧村龙山晚期先民经营以粟为主、黍为次的小米类农业，大量养殖猪、羊、牛；小玉梁这类高等级区域还存在食用少量水稻的现象；使用的刀、泡等为红铜或铅锡含量较低的青铜制品。

该城址与同期盛极一时的石峁古国在时空上遥相呼应，其控扼黄河两岸的突出战略位置，沿外城墙、内城墙、中心台城逐步降低到入黄河口处的线性布局，以及处处把关、层层设卡、背靠黄河、面向东方的城防系统，彰显了浓厚的防御色彩，展现了矗立于黄河东岸的碧村遗址的特殊屏障及枢纽作用，为解读晋陕黄河两岸地区的政治结构和文明形态提供了关键材料。

碧村遗址全景

碧村遗址小玉梁地点东北角房址

碧村遗址东墩台

# 胡家沟砖塔

位置　吕梁市兴县蔡家崖乡胡家沟村

时代　明代

类型　古建筑

2019 年，被国务院公布为第八批全国重点文物保护单位。

胡家沟砖塔为五层八角楼阁式砖塔，因塔身斜倾，2003 年曾进行维修。

塔座大部分被耕土掩埋，露出地面高约 14 米，自下而上有塔座、塔身、塔檐和塔刹。塔座形制不详，塔身砖雕仿木构建筑，窗棂、隔扇样式繁杂，栏杆及生肖、花卉、动物等图案雕刻艺术精湛。每层塔檐结构与形制基本相同，檐角缺损鸱吻，檐下角科、平身科装饰三踩斗栱。塔刹已损毁。

胡家沟砖塔全景（由西南向东北拍摄）

胡家沟砖塔塔基局部（由东北向西南拍摄）

# 善庆寺

位置 吕梁市临县大禹乡府底村

时代 元代

类型 古建筑

2006年，被国务院公布为第六批全国重点文物保护单位。

善庆寺古称“善训府”，创建于隋开皇三年（583），据大雄宝殿梁架墨书题记载，元至元二十五年（1288）重建。寺坐北朝南，依山而建，二进院落布局，占地面积6802平方米。中轴线由南向北有山门、大雄宝殿，两侧为东耳殿、东西厢房及西侧二院僧舍等。现存建筑大雄宝殿为元代遗构，其余为清代遗存。

大雄宝殿建在高0.7米的砖砌台基上，面阔五间，进深六椽，单檐悬山顶，黄、绿琉璃脊饰、剪边。外檐斗栱为五铺作单杪单下昂，七檩前出廊式梁架。前檐各间置四扇六抹隔扇门，覆盆式柱础。东西厢房均面阔七间，进深四椽，单檐硬山顶。前檐斗栱为五踩双下昂。明间装隔扇门，次间、梢间装隔扇窗。二院僧舍有2座砖拱券窑洞、1栋房屋。内存碑刻1通。

善庆寺大雄宝殿

善庆寺西殿菩萨殿

# 义居寺

位置 吕梁市临县三交镇枣圪垯村

时代 元代至清代

类型 古建筑

2006年，被国务院公布为第六批全国重点文物保护单位。

义居寺又名“佛堂”，创建于宋政和年间，据明万历十九年（1591）碑记载，明正德十年（1515），嘉靖四十三年（1564），隆庆二年（1568），万历元年（1573）、九年（1581）、十四年（1586）、十九年（1591），清光绪十八年（1892）屡次重修，2008年全面修缮。义居寺坐西北朝东南，三进院布局，占地面积8100平方米。中轴线建有山门、前殿、正殿、藏经楼，东侧为厢房。现存正殿为元代建筑，其余为明清建筑。

山门面阔三间，进深四椽，单檐悬山顶，六檩前后廊式构架。前檐斗栱为三踩单翘。前殿建在高1米的砖砌台基上，面阔五间，进深六椽，单檐悬山顶，七檩无廊式构架。前檐斗栱为五踩双下昂，柱头科一攒，平身科二攒，均出斜栱，覆盆式柱础。殿内三面墙均存壁画，约80平方米。正殿面阔五间，进深三椽，单檐歇山顶，斗栱为五铺作双下昂。寺内现存碑刻4通。

义居寺大雄宝殿

义居寺山门

义居寺藏经楼

义居寺石窟

# 碛口古建筑群

位置：吕梁市临县碛口镇

时代：明代至清代

类型：古建筑

2006年，被国务院公布为第六批全国重点文物保护单位。

碛口古建筑群创建年代不详，现存建筑分布于4个村落，共有寺庙1座、祠堂1座、院落14座。其中有黑龙庙、碛口荣光店、碛口广生源旧址、碛口兴胜韩商铺、碛口永顺店、碛口十义镖局、碛口新华商行、碛口天聚隆油店、碛口长兴店、碛口祥记烟草旧址、碛口义记美孚旧址、碛口典当铺、碛口陈氏祠堂、李家山村李子寿宅院、李登祥宅院、寨则山村毛泽东东渡路居旧址。

碛口古建筑群全景

黑龙庙位于卧虎山山腰，据清乾隆二十一年（1756）《增修钟鼓楼记》碑载，始建于明代，清雍正年间增修乐楼，乾隆二十一年（1756）、道光三十年（1850）、1916年屡次重修、维修。庙坐东北向西南，一进院落布局，占地面积1353平方米。中轴线建有山门、戏台、正殿，两侧为钟楼、鼓楼、厢房、耳殿。

正殿面阔三间，进深四椽，单檐硬山顶，五檩前廊式构架。外檐斗栱为三踩单下昂。柱间雕刻双龙雀替，覆盆柱础。前檐各间装四扇六抹隔扇门。

碛口荣光店为清道光年间临县前青塘村王佩珩所建，坐东向西，占地面积1127平方米。建筑为明柱厦檐四合院，依山叠建，布局合理，由四层组成，多为石拱券窑洞。一层有东、西、南、北窑洞4座，倒座及南厢房前檐插廊，倒座明间为大门。二层正房为7孔石拱券窑洞，南北两侧均为砖木结构建筑，面阔五间，进深二椽，单坡硬山顶。西为望河楼，建于大门之上，面阔三间，进深四椽，五檩前出廊梁架；两侧耳房各三间，均为硬山顶。三层、四层正面均为窑洞。该字号在清中期主要经营北口麻油生意。

碛口古建筑群位于国家级风景名胜区、历史文化名镇碛口，特色鲜明，保存完整，是我国北方地区黄土高原上古代商业城镇为数不多的典范。

碛口古建筑群李家山村新窑院

碛口古建筑群西湾巷道

# 乌突戍古城遗址

位置　吕梁市临县白文镇郝峪塔村东北500米

时代　北齐

类型　古文化遗址

2004 年，被山西省人民政府公布为第四批省级文物保护单位。

乌突戍是长城黄栌岭起所立三十六戍中的其中一戍，北齐天保三年（552）立。

遗址从沟底向顶部夯筑，垂直高度 20—60 米，至顶部再加筑夯土墙体。遗址由内城、外城和城外防御设施三部分组成，呈不规则梯形，用平夯法素土筑成。内城周长 2880 米，外城周长 4980 米。城内主要有 4 条自然沟，沟内两壁崖面夯筑，以修造圆形夯土建筑。现存基址较多，大小不等，高低不一，层叠交错，直通沟口河岸边。城外东、南、北三面城墙外侧峭壁陡直，沟壑纵横，除夯筑坚固高耸的脊墙外，又以相连的高山峻岭为天然屏障，势当南北通行的要塞。外城墙以南为墓葬区，有积炭墓，内城东顶部亦发现墓葬。

乌突戍古城系古代重要军事设施，用于屯集兵马，其构筑方式较为独特，是北齐古城遗址的实体依据，对研究古代军事防御有着重要的参考价值。

乌突戍古城遗址全景

# 宿皇寺

位置：吕梁市临县第八堡乡麻峪沟村宿皇寺自然村

时代：明代至清代

类型：古建筑

2016年，被山西省人民政府公布为第五批省级文物保护单位。

宿皇寺原名“皇宿寺”，为观音寺的下院，后更名为“宿皇寺”。其创建年代不详，元至元、明天顺、明成化、明隆庆、清乾隆、清嘉庆、清同治年间屡次重修。寺坐北朝南，三进院落布局，占地面积2830平方米。中轴线自南向北依次建有戏台、韦陀殿、正殿，两侧建钟鼓楼、各进院东西配殿、二进院东西掖门、三进院东耳殿等。二进院东西两侧建有僧房。现存建筑除正殿为明代遗构外，余皆为清代建筑。

正殿为寺内主殿，面阔三间，进深六椽，单檐硬山顶，前檐带廊，七檩前后廊式构架。外檐斗栱为七踩三下昂。前檐明间装隔扇门，次间为槛窗。木构架上均饰彩绘。两山墙及后檐墙有佛教《释氏源流图》《十大明王图》壁画，共97.06平方米。戏台面阔三间，进深五椽，卷棚硬山顶，六檩后廊式梁架，额枋间饰以荷叶墩。

宿皇寺是一处保存相对完整的明清佛教寺院，反映了这一地区民间佛教寺院的布局以及建筑构成、使用功能等，作为当地唐代著名寺院观音寺的下院，为研究临县历史时期“十三官寺九下院”保留了重要实例。

宿皇寺远景

宿皇寺戏台

# 香严寺

位置：吕梁市柳林县城柳林镇贺昌村

时代：金代至明代

类型：古建筑

2001年，被国务院公布为第五批全国重点文物保护单位。

据清光绪版《永宁州志》记载，香严寺始建于唐贞观年间，金正隆、大定，元中统、大德，明宣德、正统、嘉靖，清乾隆、道光等年间多次维修、扩建。

香严寺坐北向南，占地面积8214平方米。中轴线由南向北依次有天王殿、大雄宝殿、毗卢殿，东西有钟鼓楼、伽蓝殿、七佛殿、地藏十王殿、罗汉殿、慈氏殿，西院有藏经殿、崇宁殿、三佛阁等。现存大雄宝殿为金代建筑，天王殿、毗卢殿、七佛殿、地藏十王殿、罗汉殿、慈氏殿、伽蓝殿为元代建筑，其余为明代建筑。

毗卢殿建于高台之上，面阔五间，进深三间，单檐歇山顶。梁架结构为六架椽。建筑前檐中部三间辟前廊，殿内柱网相对于前檐有所偏移，仅设两根后金柱，空间开阔。殿内中后部供奉3尊佛像。

寺内保存元碑2通、明碑3通、清碑10通、元代石狮2尊、明代彩塑7尊、壁画1堂。

香严寺是山西早期古建筑保存较为集中的寺院，建筑以黑釉琉璃为主，为现存古建筑琉璃中少见的精品；大雄宝殿内108块元代砖雕具有较高的历史、艺术价值。

香严寺全景

香严寺大雄宝殿

香严寺毗卢殿

# 玉虚宫下院

柳林县

位置 吕梁市柳林县柳林镇青龙村南宝宁半山腰

时代 清代

类型 古建筑

2013年，被国务院公布为第七批全国重点文物保护单位。

玉虚宫下院始建年代不详，据玄天殿脊檩题记和重修碑文记载，明万历二十八年（1600）重建，清顺治十一年（1654）修葺。玉虚宫坐南朝北，依山势而建，分上、下两院，占地面积3612余平方米。现存玉虚宫下院分东、西两院，东院中轴上由北向南依次有石砌台阶、山门、玄天殿，西院设有偏门、药王殿、观音堂、弥陀殿。现存多为清代建筑。

玄天殿建于双层台基之上，面阔五间，进深四椽，单檐悬山顶，琉璃屋脊〔明万历二十九年（1601）烧造〕，五檩前廊式构架。殿两侧设八字形影壁，上施琉璃团龙图案。前檐柱头科为五踩双下昂斗栱，平身科每间一攒，明间平身科出45°斜昂。殿内脊檩下有明万历二十八年（1600）重建题记。明、次间施隔扇门，梢间置直棂窗。药王殿位于西院北侧，3孔连造砖券窑洞，前檐有砖雕斗栱。观音堂在药王殿之上，面阔三间，进深五架，单檐悬山顶。弥陀殿为3孔连造砖券窑洞。

庙内存明碑1通、清碑1通、石碣2方。

玉虚宫下院全景

玉虚宫下院玄天殿

# 坪上遗址

位置：吕梁市柳林县三交镇坪上村东约500米梁上

时代：新石器时代

类型：古文化遗址

2004年，被山西省人民政府公布为第四批省级文物保护单位。

坪上遗址包括龙山文化晚期、夏、战国、汉代等阶段遗存。

遗址处于黄河东岸二级台地上，东面连山，南北临沟，地形较平缓，城址略呈不规则长条状，东高西低，东南部断开，南北长约2500米，东西宽约800米，总面积约200万平方米。

遗址范围内发现的墙基宽5—13米，顶宽2—8米，残高1—4米，夯筑而成，夯土层厚6—9厘米。遗址文化层厚度为0.5—1米，地面暴露烧积坑和多种类型的遗物。遗址东部有一段残城墙，随地形起伏，呈南北走向，长约2500米，宽约5米，高约4米。夯层比较清晰，厚3—10厘米，夯土比较纯净，无杂物，夯窝不明显，推测应属版筑平夯。

出土器物有三足瓮（尖足柱状外部饰弦断绳纹）、豆柄及一些素面泥质红陶残片、绳纹罐（方唇折沿夹砂灰陶）、板瓦、绳纹砖、光面泥质灰陶残片、瓷片、兽头、瓦当等。

遗址内保存着丰富的文物，如建筑遗迹、陶器、石刻等，这些实物展示了古代的生活方式和文化传承，为研究古代历史提供了宝贵的资料。

坪上遗址远景

坪上遗址夯土层

# 高红遗址

柳林县

位置　吕梁市柳林县薛村镇高红村南三川河南岸二级台地上

时代　新石器时代、商代、东周

类型　古文化遗址

2016 年，被山西省人民政府公布为第五批省级文物保护单位。

高红遗址又称“寺枣垣”，总面积 20 万平方米，包含商代、战国、汉代等阶段的遗存，尤以商代晚期遗存为主。从遗址所处地理位置看，南、东、北部坡度较缓，三面环水，西临陡崖，易守难攻，防御性极强。2004—2006 年完整揭露出 7 号、21 号夯土基址，23 号、8 号夯土墙，26 号夯土院落，发掘面积 2350 平方米。

夯土建筑中最大的 7 号夯土基址大致位于建筑群的中心，现存台基面高出当时活动面约 1 米，长近 50 米，宽约 11 米；8 号夯土墙南距 7 号夯土基址 18 米，东西长 42.5 米，现存墙体高出当时活动面约 1.5 米。7 号夯土基址和 8 号夯土墙之间有广泛的活动面相连接。

遗址内出土了大量陶片、少量石器和骨器等。陶器仅见灰陶，分泥质、夹砂两类。泥质陶器有瓮、簋、盆、小口广肩罐、小口折肩罐等，夹砂陶器有鬲、罐等。有的瓮上部为泥质陶，底和足部为夹砂陶。纹饰多见绳纹，云雷纹、弦纹较少。绳纹有粗绳纹、细绳纹。

高红晚商遗址是中国北方最早发现的一处殷商时期有着大型夯土建筑、与商文化面貌迥异的方国遗存，对研究商代方国及青铜器具有重要意义。

高红遗址远景

高红遗址建筑基址俯瞰

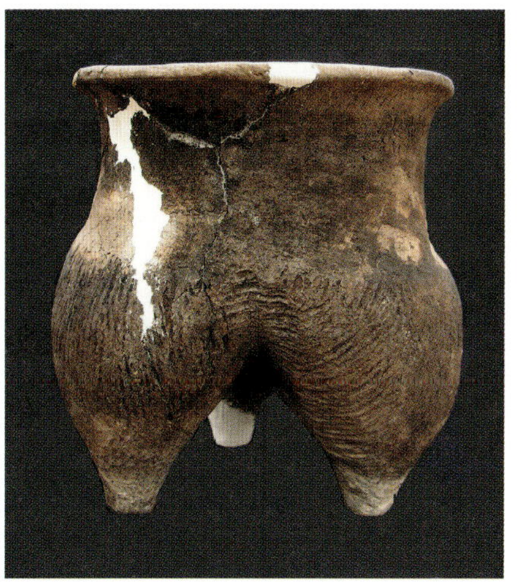

高红遗址出土陶鬲

# 南山寺

柳林县

位置 吕梁市柳林县孟门镇孟门村东庄王山腹

时代 明代至清代

类型 古建筑

2004年，被山西省人民政府公布为第四批省级文物保护单位。

据碑刻记载，南山寺始建于唐贞观十三年（639），坐北向南，二进院落布局，占地面积4181.92平方米。中轴线自南向北建有山门、大雄宝殿、后佛殿，一进院东侧为药师殿、观音殿，西侧为地藏殿、三大士殿。二进院西侧为配殿。现存建筑皆为明清遗构。

山门面阔三间，进深一间，为砖木结构建筑，原来形制已被改变。大雄宝殿面阔五间，进深四椽，单檐歇山顶。柱头铺作为双杪双昂七铺作斗栱，补间铺作为人字形斗栱。后佛殿为砖砌横拱窑。一进院药师殿、观音殿均为3孔砖砌拱券窑洞，平台式窑顶。一进院地藏殿、三大士殿形制、结构与药师殿相同。二进院配殿面阔五间，进深四椽，单檐硬山顶，前檐门窗已被改变，原貌不存。

寺内存石碣4方。

南山寺全景

南山寺大雄宝殿

南山寺鼓楼

# 柳林双塔寺



位置 吕梁市柳林县柳林镇贺昌村双塔北路

时代 清代

类型 古建筑

2004年，被山西省人民政府公布为第四批省级文物保护单位。

柳林双塔寺始建年代不详，据史料记载，元至正年间、明正德年间、清代、民国时期均进行过不同程度的维修。

双塔寺坐北向南，二进院落布局，占地面积1612平方米。中轴线有山门、戏台、观音殿，轴线两侧有东西双塔、钟鼓楼、龙王殿、关公殿、文昌殿、财神殿、东西耳殿。

一进院东西各有1座砖塔，两塔相距18.38米。东塔呈八角锥形，高21.38米。塔基高0.6米，砂岩石，分两层制作，直径4.59米。塔身向上内收成锥状，上设塔刹，塔身不设出檐。塔内中空，可攀登而上。西塔为五层八角形，高18.43米，造型简单，出檐短小。塔基高0.5米，砂岩石，分两层制作，直径4.66米。塔身上部设阑额和普拍枋各一层，叠涩外出。塔身中空，内设塑像1尊。塔体青砖均为砍磨错缝砌筑。

寺内存元代石幢1尊、石碣1方；观音殿东、西墙上保存清代壁画，面积约5平方米。

柳林双塔寺全景

柳林双塔寺戏台

柳林双塔寺东配殿

# 薛村观音庙

位置 吕梁市柳林县薛村镇薛村河南古神坡

时代 明代至清代

类型 古建筑

1996 年，被山西省人民政府公布为第三批省级文物保护单位。

观音庙始建年代不详，据碑文记载，明万历四十二年（1614）及清康熙五年（1666）、康熙三十二年（1693）、雍正八年（1730）、

薛村观音庙航拍图

乾隆二十八年（1763）、乾隆三十年（1765）屡次重修。庙坐北向南，一进院落布局，占地面积651.3平方米。中轴线自南向北建有山门、韦陀阁、观音殿，两侧分别建钟楼、鼓楼、东西配殿等。现存主体结构为明清建筑。

观音殿建在高0.45米的砖砌台基上，面阔三间，进深四椽，单檐硬山顶，五檩前出廊构架。斗栱为三踩单下昂，蚂蚱形耍头，中间为异形栱。额枋斗栱施彩画，原门窗改装。殿正中有彩塑3尊，均经后世重妆，原貌已失。殿东、西墙绘有清代护法神壁画，面积约4平方米。佛祖同堂为3孔砖券窑洞，面阔三间，进深一椽，单坡硬山顶。院内保存清重修碑10通、石碣4方、明代柏树1株。

薛村观音庙正殿

# 柳溪寺舍利塔

柳林县

位置 吕梁市柳林县庄上镇辉大峁村李家庄自然村南50米

时代 清代

类型 古建筑

2016年，被山西省人民政府公布为第五批省级文物保护单位。

柳溪寺舍利塔俗称“皇姑塔”，据塔东现存《永宁州柳溪寺新建舍利塔记并铭》碑载，建于清乾隆三十一年（1766），原为柳溪寺附属建筑，现寺毁，仅存塔。

塔坐东朝西，通高约23米，八层八角楼阁式砖塔，由塔基、塔身、塔刹3部分组成。塔基平面呈八边形，由条形砂石垒砌。塔身逐层收分，各层叠涩，各层檐下仿木构砖雕额枋、斗栱、椽飞、勾滴等，每层檐下斗栱均为三踩单翘。一层西面设拱券门，塔内中空，沿壁设双螺旋式楼梯，可登临塔顶。塔刹为八角攒尖顶，其上叠置仰莲、宝瓶、宝珠。

塔内存碑刻1通、残石碣4方。

柳溪寺舍利塔采用独特的双螺旋阶梯式结构，设计巧妙，工艺精良，为了解清代吕梁地区营造技术提供了依据。

柳溪寺舍利塔远景

柳溪寺舍利塔全景

# 兴东垣东岳庙

位置 吕梁市石楼县龙交乡兴东垣村北约100米

时代 金代至清代

类型 古建筑

2001 年，被国务院公布为第五批全国重点文物保护单位。

兴东垣东岳庙创建年代不详，元后至元四年（1338）、明崇祯五年（1632）及崇祯十四年（1641）重修，清代曾补修，1999—2002 年对东岳殿、东西配殿、乐楼进行过落架维修。现存东岳殿为金代遗构，余皆为明清建筑。

东岳殿坐北向南，筑于高 0.85 米的砖砌台基上，前设月台，长 6.2 米，宽 4.6 米，高 0.65 米。殿身面阔三间，进深六椽，单檐歇山顶。莲花覆盆柱础，板门两扇。东西两壁均有壁画，内容为地狱景象图等，共计 36 平方米。

兴东垣东岳庙陶塑宝顶

兴东垣东岳庙全景

兴东垣东岳庙照壁

# 后土圣母庙

位置 吕梁市石楼县义牒镇张家河村西南

时代 明代至清代

类型 古建筑

2013 年，被国务院公布为第七批全国重点文物保护单位。

后土圣母庙创建年代不详，据正殿前石雕灯台记载，元至正七年（1347）重修，之后历代均进行过维修。圣母庙坐北向南，一进院落布局，占地面积 1500 平方米。中轴线上由南向北依次为山门、乐楼、正殿，东西两侧建配殿、社窑。

正殿为无梁砖石结构，面阔三间，进深两间，单檐硬山顶，前有木结构插廊。殿内现存明代泥塑 5 尊。乐楼建在高 1.5 米的石砌台基上，用 8 根高 1 米、直径为 0.85 米的柏木圆柱承托，单檐歇山顶。山门为砖石结构，面阔一间，进深一间，单檐硬山顶。

后土圣母庙全景

后土圣母庙正殿

# 下洼城址

位置 吕梁市石楼县康宁镇下洼村北约 100 米处

时代 新石器时代、东周、汉代

类型 古文化遗址

2021 年，被山西省人民政府公布为第六批省级文物保护单位。

下洼城址包含龙山时期、东周、汉代等阶段遗存，东西长约 5000 米，南北宽约 3000 米，占地面积约 150 万平方米。

遗址东部为前防卫设施（圆形建筑），距圆形建筑西 500 米为城门楼，中间有石筑道路相连。门楼两侧为城墙，城墙内往西均为遗址区。遗址区内，从南到北有明显的 3 道石墙，将遗址区分为不同功能区域。前防卫设施（圆形建筑）残存面积约 100 平方米，高约 3 米，由石块与泥土混筑而成。城墙南北走向，长度约 3000 米，宽约 1.2 米，最高处城门楼距地面约 8 米，城墙最高处约 6 米，最低处到根基。城墙内部夯土层次分明，应为早期夯筑，外部由石块与泥土混筑而成。

遗址范围内采集到的龙山时期遗存有篮纹、绳纹、夹砂、磨光、素面灰陶片，器形有陶罐、陶盆等；东周时期遗存有绳纹、素面灰陶片，器形有罐、盆、甑等；汉代遗存有绳纹、素面陶片，绳纹板瓦、筒瓦。

下洼城址是一处保存较好的城址，包含多个时段的堆积，对认识黄河沿岸先秦及两汉历史文化具有一定的参考价值。

下洼城址城墙局部

下洼城址城墙局部

# 下河仁泉寺

位置 吕梁市石楼县义牒镇下河村中

时代 明代至清代

类型 古建筑

2004年，被山西省人民政府公布为第四批省级文物保护单位。

下河仁泉寺建于明代万历年间，清康熙八年（1669）重修，后当地村民逐年集资维修。寺庙坐北向南，一进院落布局，占地面积1408平方米。中轴线自南向北依次为乐楼、正殿，东西两侧为配殿。

正殿石砌台明高1.2米，殿身为3孔砖券窑洞，单檐歇山顶，前设木构插廊。乐楼设于大门顶部，砖木结构建筑，面阔三间，进深四椽，单檐硬山顶，五檩无廊式梁架。东西两侧配殿均为石券窑洞建筑。

下河仁泉寺全景

下河仁泉寺正殿

# 隋城遗址

位置 吕梁市岚县岚城镇城内村北约1千米

时代 隋代至宋代

类型 古文化遗址

2004年，被山西省人民政府公布为第四批省级文物保护单位。

隋城遗址包含隋至宋代的遗存。据清雍正八年（1730）版《岚县志》载，隋城始建于隋炀帝大业十年（614），历为岢岚、岚城、宜芳、岚州、楼烦郡、东会州治所，唐高祖武德四年（621）改为州城，经唐、五代、北宋，延续550余年。宋神宗元丰二年（1079）在旧城南筑新城，即今岚城。宋绍圣年间，隋城遂废。

城址平面呈长方形，坐北朝南，南北长1000米，东西宽800米，分布面积80万平方米。城外有护城壕，深3米。城址西高东低，西半部在松树梁上，东半部在梁下平坦地带，今岚城北门外仍称东故城、西故城。城墙遗址主要集中在城池的西、北两面，西墙残长620米，残高2—10米，顶宽1.5—3米；北墙残长330米，残高4—9米，顶宽2—3米；东墙残存30米，残高5米，顶宽1.5米；南墙残存65米，残高3—10米，顶宽1.5米。城墙基宽约12米，夯层厚0.06—0.1米，夯土为黄色沙性土和黏土。

岚县隋城遗址是中国隋唐时代的重要遗存之一，是研究隋唐时代历史、建筑和文化的重要实物资料。

隋城遗址全景

隋城遗址南城墙

# 秀容古城遗址

位置 吕梁市岚县古城乡古城村

时代 北魏

类型 古文化遗址

1996年，被山西省人民政府公布为第三批省级文物保护单位。

秀容古城遗址是一处北魏时期的遗存，北魏明元帝永兴二年（410），郡主尔荣在汉汾阳县城的基础上扩建而成。现存古城遗址东西长1300米，南北宽1100米，周长4800米。

城墙土砌夯筑，墙基宽20米，顶部窄处宽2米，最宽处达7米，墙高3—13米。夯土层厚6—8厘米，最厚达15厘米。城墙四角除西南角外，余均被破坏。城墙东、西、南三面保存较好，北墙西半段被破坏。在西墙外约50米有一条平行于西墙的夯墙基础。城内采集到陶器、铁器等。陶器多为泥质灰陶，有绳纹、圆点纹、素面的瓦、盆、罐等。铁器多为工具，朽蚀严重。

秀容古城遗址是对古代建筑科学和技术的一次重要记录，为研究北魏时期的城镇建筑提供了珍贵的实物资料。

秀容古城遗址远景

秀容古城遗址出土陶片

# 南村城址

位置 吕梁市方山县峪口镇南村

时代 战国至晋代

类型 古文化遗址

2006年，被国务院公布为第六批全国重点文物保护单位。

南村城址始筑于战国，为皋狼邑治所；西汉时期进一步扩建，为皋狼县治所；十六国时期为南匈奴单于庭，刘渊在此建立汉国，并定都。

南村城址坐落于四周陡峭的黄土塬上，平面布局呈不规则形状，南北长约3.5千米，东西宽约2.5千米，最外周长约12千米，总面积近9平方千米。城址东北高，西南低，城墙外西南边有北川河及其支流，城周北、东、西三面被土山环绕，南面地势开阔而低平。墙体高出地面6米，用平夯法筑成，夯层分明、结实，厚9—11厘米。现存西城墙长427米，宽13.7米，顶部宽6米，残高7.2米；北城墙长约504米；东城墙长约430米；南城墙长约600米。城门情况不明。近年，新修的公路在城西部穿过南北城墙，城东部被南北向土路截断。城址内采集到仰韶文化、龙山文化及战国时期的多种遗物。

南村城址为研究刘渊政权的兴衰以及匈奴历史文化提供了实物佐证。城址充分利用自然山形地势，借助天然屏障和河流阻挡优势，布局严密，军事攻防性强，为研究古代城市布局、军事史和军事思想等提供了形象的实物资料。

南村城址全景

南村城址城墙夯土层结构

# 大武鼓楼

吕梁市方山县大武镇大武二村

明代

古建筑

2019 年，被国务院公布为第八批全国重点文物保护单位。

大武鼓楼又称“观音楼”，据明嘉靖二十六年（1547）碑（碑已佚）文记载，始建于明景泰四年（1453），1986 年至 1989 年进行维修。现存主体结构为明代遗构，坐北向南，占地面积 110 平方米。

大武鼓楼为十字过街木构楼阁，通高 18.5 米，二层三檐十字歇山顶，黑色琉璃瓦剪边。一层平面呈方形，建在高 1.2 米的砖砌台基上，面阔三间，四向敞朗，可供通行。4 根通天柱直达顶层，顶设八卦藻井，覆盆式柱础。二层面阔、进深各三间，在一层檐上方挑出平座。平座斗栱与檐下斗栱形制相同，均为五踩重昂计心造，转角出七缝斜栱。三重檐斗栱为五踩单翘单昂计心造。楼内现存彩塑 6 尊。

大武鼓楼一层柱头斗栱

大武鼓楼

# 于成龙故居

位置　吕梁市方山县北武当镇来堡村中

时代　清代

类型　古建筑

2019 年，被国务院公布为第八批全国重点文物保护单位。

于成龙（1617—1684），清代山西永宁州（今方山县）人，顺治十八年（1661）出仕，历任知县、知州、知府、道员、按察使、巡抚和总督等，所到之处，皆有政声，死后追赠太子太保，谥“清端”，被康熙赞誉为“天下第一廉吏”。

于成龙故居现存三座宅院，始建年代不详，2015 年全面维修，现存皆为清代建筑。三座院落均坐北朝南，总占地面积约 2657 平方米。其中二宅为四合院，现有正房、东西厢房、西厦房。正房为砖砌拱券窑洞，共 4 孔，平顶；东西厢房为单坡硬山顶；西厦房在西厢房与正房之间。

于成龙故居二宅

于成龙故居三宅

于成龙故居一宅

# 于成龙墓地

位置 吕梁市方山县峪口镇横泉村南约100米

时代 清代

类型 古墓葬

2016年，被山西省人民政府公布为第五批省级文物保护单位。

于成龙墓为清代砖室墓，东西长约90米，南北宽约36米，面积约3240平方米。现封土堆为后人复建。经探测，原封土堆为夯筑而成。

墓园坐东向西，平面呈正方形，四周筑有高2.5米的青砖花栏围墙，正西有一座花岗岩牌坊；封土堆位于墓园东部正中央，距牌坊约120米，面积约50平方米；墓前树立龙头墓碑，左右两侧共竖立12通青石古碑；神道为青砖立铺，两侧立有石人、石马、石羊等石像生；墓园内有古松、老榆百余棵。

于成龙墓是清代一品官员墓葬的珍贵实例，为研究清代坟茔制度、墓葬特点提供了重要例证；其清代碑刻、石像生以及康熙皇帝御笔亲书的“高行清粹”匾等，对研究清代书法、雕刻艺术具有重要的参考价值。

于成龙墓地石牌坊

于成龙墓地封土堆

# 柏洼山龙泉观

位置 吕梁市中阳县宁乡镇柳沟村柏家峪自然村东约1千米

时代 明代至清代

类型 古建筑

2021 年，被山西省人民政府公布为第六批省级文物保护单位。

柏洼山龙泉观为全真道观，创建年代不详，据观内碑文记载，金大定十五年（1175）重修，元中统二年（1261）及明清两代曾扩建。龙泉观坐北向南，占地面积约 1.6 万平方米。

道观依山而建，分上、中、下三组建筑，上为玉皇庙（单体），中为昭济圣母庙建筑群，下为真武庙。现存建筑中，除昭济圣母庙建筑群中老君庙为元代遗构外，余皆为明、清建筑。清康熙八年（1669），傅山曾在此旅居一年。

真武庙建于清康熙六年（1667），为四合院形式，中轴线由南向北依次为山门、正殿，两侧为东西配殿、钟鼓楼、东西藏经楼。山门两侧的青龙、白虎及正殿内的真武大帝、龟蛇二将等彩塑，高大威严，工艺精湛，栩栩如生，是目前我国民间彩塑中的艺术珍品。

柏洼山龙泉观全景

柏洼山龙泉观圣母庙

# 山神峪千佛洞石窟

位置：吕梁市交口县石口乡山神峪村北500米

时代：元代、清代

类型：石窟寺及石刻

2019 年，被国务院公布为第八批全国重点文物保护单位。

据清同治六年（1867）重修碑记载，山神峪千佛洞石窟创建于元初，因洞窟内雕刻造像 1003 尊而得名。石窟坐西向东，三进院布局，占地面积 7466 平方米。中轴线自东向西有山门、过殿、千佛洞、九间楼。轴线两侧有钟鼓楼、垛院、凤楼宝塔。现存建筑为清代遗构。

千佛洞位于二进院正殿内，外建插廊，在红色砂岩上开凿，进深 4.5 米，宽 2.8 米，高 2.2 米。洞窟正中圆雕一佛二菩萨二侍者石造像，主尊及菩萨结跏趺坐于莲台之上，莲台下有须弥座。两侍者立于主尊两侧。洞窟四周龛内高浮雕造像 945 尊，姿态万千，手印及手持法器内容丰富多彩。门口两侧高浮雕护法金刚，高 1.3 米，头戴皮胄，身穿铠甲，双手持锏，极具元代武士特征。门楣及门后两侧刻有飞天、力士、供养人等，共 53 尊，有的头戴高耸的毡帽。另外，该寺在北垛院外建有七层砖雕仿木构重檐舍利塔，又名“凤楼宝塔”。

山神峪千佛洞全景

# 韩极石牌坊及韩极碑亭

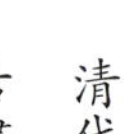

位置 吕梁市交口县回龙乡韩家沟村

时代 清代

类型 古建筑

2004年，被山西省人民政府公布为第四批省级文物保护单位。

韩极（1780—1854），字天枢，号玉衡，自幼家贫，青年时闯西域经商，成为巨贾，与咸丰帝私交甚密，诰封为奉政大夫、国子监大学士，并赐世袭“骑都尉”，其子袭四川省通判，曾显赫一时。

韩极石牌坊乃清咸丰五年（1855）咸丰皇帝御赐，为四柱三楼歇山顶仿木构石雕建筑，高约8.9米，宽6米，青石质地。坊梁横书“诰封奉政大夫韩翁韩极字天枢之坊”和“大清咸丰五年岁次乙卯夏六月中翰吉旦敬立”。额书“龙德褒嘉”和“彩凤云开”。檐下悬挂“圣旨”和“敕命”匾。四柱刻楹联。楼身雕刻八仙庆寿、驾鹤天将、万国来朝、赐福天官、指日高升、蔡顺奉亲、郭巨埋儿、子路负米等。

韩极碑亭建于清咸丰四年（1854），高6.9米，为四柱明楼歇山顶式仿木结构石雕建筑。楹联遍刻四柱。梁枋遍刻花鸟、瑞兽、琴棋书画、香炉供器等。亭内立螭首碑，龟趺座。碑阳隶书“诰封奉政大夫显考太学生韩府君讳极字天枢之墓”。碑阴楷书，首题“诰封奉政大夫国子监太学生玉衡韩公墓碑序”，记述韩极生平。

韩极石牌坊及碑亭精雕细琢，古朴凝重，纹饰栩栩如生，不失为石雕建筑的精品佳作。

韩极石牌坊

韩极碑亭

韩极石牌坊石刻“圣旨”匾

# 西庄古建筑群

位置 吕梁市交口县双池镇西庄村

时代 清代

类型 古建筑

2021 年，被山西省人民政府公布为第六批省级文物保护单位。

西庄古建筑群又称“吴家大院”，由晋商西庄吴氏家族于明嘉靖年间至清同治十一年（1872）创建。

建筑群历经扩展，主体形成“一塔一祠一庙一门十堂”的形式，同时还修建堡墙、堡门、地下通道等防御设施，并有墓葬等，总占地面积 30000 多平方米。建筑群现存主体为清代建筑。其中民居由南向北大体分为三排，南侧由东向西依次为五福堂、清源堂，中间由东向西依次为裕德堂、积德堂、回音堂，北侧由东向西依次为怀德堂、麟厚堂（西庄毛泽东路居）、树德堂、守约堂。村东建有关帝庙、吴氏宗祠。民居多为四合院布局，建筑以砖砌锢窑为主，与砖木结构房屋相结合，并以精美雕刻装饰。

麟厚堂坐北朝南，院落由主院、东跨院、牲畜院组成，占地面积 2737 平方米，是西庄现存最大的一处宅院。主院为二进院落布局，大门位于东南角，门额书“敦诗礼”，中轴线由南向北依次为南房、过厅、二院过门、正房，两侧为一进院东西房和二进院东西房。1936 年 3 月，红军东征时期，毛泽东率领红军总部进驻双池镇西庄村，就居住在麟厚堂。

关帝庙内现存清碑 4 通、清道光三年（1823）所铸铁旗杆 1 根。吴氏宗祠内存清嘉庆二十五年（1820）石碑 1 通。

西庄古建筑群全景

西庄古建筑群积德堂

西庄古建筑群回音堂

# 孝义天齐庙

吕梁市孝义市梧桐镇中王屯村

元代、清代

古建筑

2013 年，被国务院公布为第七批全国重点文物保护单位。

孝义天齐庙创建年代不详，据梁架题记载，曾于清康熙三十九年（1700）重修。庙坐北向南，一进院落，占地面积约 4790 平方米。沿中轴线由南向北依次建有影壁、戏台、正殿。现存正殿为元代遗构，戏台为清代建筑。

正殿位于庙院轴线北端，面阔五间，进深六椽，前廊式单檐悬山顶。明、次间为前劄牵后乳栿用四柱，梢间为四椽栿前后劄牵用四柱，后内柱前移，形成移柱造。戏台位于中轴线的南端，坐南面北，面阔三间，进深五椽，单檐歇山顶，前檐出硬山抱厦。梁架为四架梁前双步梁，抱厦通过前檐柱与前檐金柱上施双步梁承托。

孝义天齐庙真实地反映了吕梁地区道教庙宇建筑布局，其正殿是吕梁保存较完整的元代木结构遗构，具有较高的历史价值。

孝义天齐庙外景

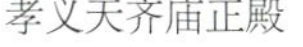
孝义天齐庙正殿

孝义天齐庙戏台

# 孝义三皇庙

位置 吕梁市孝义市城西贾家庄村三皇庙街中

时代 元代至民国

类型 古建筑

2013年，被国务院公布为第七批全国重点文物保护单位。

孝义三皇庙创建年代不详，清与民国年间屡有修葺。三皇庙坐西向东，分东、西两院，占地面积4956平方米。东院现存山门，西院有赛神戏楼、掖门、三皇殿，两侧有北廊房、马王殿、财福殿。现存建筑除三皇殿仍保存元代原构外，余皆为清代修建，2005年全面修葺。

山门为平顶砖券洞式，券上方嵌“三皇庙”石匾一方。掖门东向砖墙拱券门洞，单檐悬山顶，正面砖雕莲柱，因地势高差，门前设18级台阶。三皇殿面阔三间，进深四椽，单檐硬山顶，前廊式结构。梁架为三椽前压劄牵用三柱。赛神戏楼坐东向西，面阔三间，进深五椽，单檐卷棚顶。南北廊房已毁，存遗址。庙内存碑5通。

孝义三皇庙山门

孝义三皇庙三皇殿

孝义三皇庙赛神戏楼

# 孝义慈胜寺

位置 吕梁市孝义市崇文街道苏家庄村中

时代 明代至清代

类型 古建筑

2013年，被国务院公布为第七批全国重点文物保护单位。

据寺内碑文记载，孝义慈胜寺始建于金天会九年（1131）。寺庙坐北向南，分东、中、西三院，占地面积2479.02平方米。西院为主院，轴线之上由南向北依次是山门、大雄宝殿，东西有配殿，山门顶部有钟鼓楼；中院仅存财神殿；东院北端仅存大殿，两侧仅存东西配殿。现存建筑大雄宝殿为明代遗构，其余皆为清代建筑。

大雄宝殿建在砖砌台基上，主体为3孔窑洞，通面阔17.78米，进深13.345米，单檐硬山顶，砖砌拱券，前出廊，布瓦绿琉璃剪边。殿内尚存明代彩塑佛、护法、弟子像共11尊，廊内立清重修碑2通。

孝义慈胜寺格局比较完整，保存了明代以来的古建筑及明代塑像，具有较高的历史和艺术价值。

孝义慈胜寺大雄宝殿

孝义慈胜寺财神殿

孝义慈胜寺大雄宝殿琉璃

# 中阳楼

位置 吕梁市孝义市中阳楼街道楼西村中

时代 清代

类型 古建筑

2006 年，被国务院公布为第六批全国重点文物保护单位。

据碑记载，中阳楼建于汉魏时期，元大德七年（1303）毁于地震，明代重建，清同治七年（1868）遭雷火，宣统元年（1909）再建。1957 年、1983 年、2011 年三次全面修葺。

中阳楼坐北朝南，平面呈正方形，边长 12.12 米，高 23.14 米，占地面积 146 平方米，为四层四檐十字歇山顶楼阁建筑，五彩琉璃瓦覆盖。楼建于高 1.5 米的方形台基上，中设券洞，十字贯通。底层面阔三间，进深三间，四周围廊，廊柱与檐柱间以穿插枋连接。斗栱一至四层由三踩至七踩渐增。外檐木构件均施鎏金彩画。四层檐下当心悬“中阳楼”木匾 1 方。全楼上下于南北双向悬挂大小牌匾 14 方，楼内存碑 6 通，其中 1 通为 1916 年所立《建筑中阳楼并永安市场记》碑，载有楼之沿革，余皆为民国时期所立功德碑。

中阳楼是吕梁地区保存至今结构最完整的楼阁式建筑，是孝义市历史街区的标志性建筑，楼内藻井富丽华美，结构合理，建筑彩画色彩艳丽，绘有《封神榜》《水浒传》《岳飞传》等有关人物故事，内容丰富，具有较高的历史价值、科学价值和艺术价值。

中阳楼远景

中阳楼北侧

# 寂照寺

位置 吕梁市孝义市高阳镇三多村西

时代 明代至清代

类型 古建筑

2016年，被山西省人民政府公布为第五批省级文物保护单位。

据碑碣载，寂照寺创建于明万历四十五年（1617），清代曾进行过修葺。寺坐北朝南，二进院落布局，占地面积3104平方米。中轴线上由南到北依次为山门、天王殿、大雄宝殿，两侧为东西配殿、东西耳殿。现存建筑中山门与大雄宝殿为明代遗构，余皆为清代建筑。

山门为单孔券洞，内双向枕头券，北出抱厦，券洞中设板门，屋顶为平顶对后单坡筒板瓦顶，单步梁插入券墙中。天王殿面阔三间，进深五椽，单坡硬山顶，前檐出廊。梁架为五架梁对前单步梁用三柱。大雄宝殿为3孔砖砌窑洞，单步梁插入券墙中，形成单坡硬山顶，前插廊。一进院配殿与禅房均为3孔砖砌窑洞，两伏两券，平顶。二进院东西配殿为3孔砖砌窑洞，两伏两券，平顶，前檐插廊。观音殿、伽蓝殿形制相同，均面阔三间，进深四椽，单檐硬山顶，前出廊。伽蓝殿与观音殿内保存明清壁画30余平方米。

寺内现存碑碣10余通，是明清时期寺庙历史发展的重要见证，对研究寂照寺历史、文化具有重要参考价值。内的《十六尊者朝观音》壁画，画面清晰，笔力雄健，线条流畅，色调古雅，人物造型丰润传神，山川树木、建筑与人物浑然一体，内容表现细腻、逼真、生动，是孝义市现存古代壁画中的代表作之一。

寂照寺外景

寂照寺大雄宝殿

# 临黄塔

位置　吕梁市孝义市大孝堡乡大孝堡村东

时代　清代

类型　古建筑

2004 年，被山西省人民政府公布为第四批省级文物保护单位。

临黄塔又称“释迦牟尼文佛舍利塔”，据记载，创建于隋开皇四年（584），唐、宋、明均曾重修，现存塔为清雍正十年（1732）重建，2004 年保护修缮。

临黄塔为八层八角楼阁式砖塔，东西长 10.02 米，南北宽 10.2 米，通高 16.2 米，占地面积 100 平方米。塔基为毛石与青砖混合正方形砌体。塔座为石砌须弥座，平面呈八边形。塔身青砖砌筑，塔檐仿木结构，设砖雕斗栱，均为单跳单翘。塔檐由叠涩砖及砖雕椽、飞、勾头、滴水组成，各檐翼角微翘，设有套兽和风铎。塔刹为龙云卷草黄色琉璃包砌。塔壁和栱眼壁雕有“释迦牟尼文佛舍利塔”“宝塔凌云”“塔目增辉”“法轮常转”等字样。

临黄塔全景

临黄塔局部

# 小垣西庙

位置：吕梁市孝义市高阳镇小垣村

时代：清代

类型：古建筑

2021 年，被山西省人民政府公布为第六批省级文物保护单位。

小垣西庙创建年代不详，坐北朝南，一进院落布局，占地面积 622 平方米。中轴线由南向北建有南殿及山门、正殿，两侧为东西配殿。现存建筑为清代遗构。

南殿正中设券洞门，为庙之山门。南殿及东西配殿均为一层砖砌窑洞形制。正殿为二层建筑，下层为 3 孔券窑，上层为砖木构建筑，面阔三间，进深一间，单檐单坡硬山顶，梁架为四架梁对前单步梁。殿内存彩塑 10 尊，其中下层券窑内存塑像 7 尊，正中为鎏金释迦牟尼坐像，两侧为鎏金菩萨像；上层建筑内存塑像 3 尊，正中为关圣帝君，两侧为关平、周仓。

小垣西庙全景

小垣西庙正殿一层神龛

小垣西庙正殿二层神龛

# 东龙观墓群

位置 吕梁市汾阳市阳城乡东龙观村

时代 宋代、金代、元代

类型 古墓葬

2013年，被国务院公布为第七批全国重点文物保护单位。

东龙观墓群包含唐、宋、金、元、明、清等时期墓葬，尤以金元时期墓葬为主。2008年6—9月，山西省考古研究所在该墓地发掘墓葬48座，其中东龙观村西北的宋、金、元家族墓最为重要。

东龙观共发掘墓葬27座，其中砖室墓16座、土洞墓11座。这批墓葬有大量二次葬现象，并有少量迁葬。砖室墓除少量被盗扰导致葬式不明外，其余墓主人大部分为仰身直肢葬，并有少量火葬。土洞墓墓主人大部分为侧身直肢，单棺合葬。另外发现2例俯身屈肢葬。时代为北宋晚期至金元时期，北区为吴氏或周氏家族墓，南区为王氏家族墓。

西龙观墓地共发掘墓葬6座，时代为初唐至盛唐。团城北区墓地发掘了4座墓，其中M35、M36为清代， M37、M38是元代。团城南区墓地共发掘11座墓， M24、M25、M26、M27为唐代，M28、M29、M30、M31为元代，M34为明代，M32、M33为清代。

东龙观墓群对山西金元时期墓葬制度、葬俗、瓷器流通的研究都有着重要意义。从风格上来看，晋中盆地以汾、平、介、孝为中心的地区在宋金时期已经形成了有别于晋南（侯马、稷山为中心）、晋东南（长治为中心）、晋北（朔州为中心）等区域的独特的墓葬风格。它的特征表现在：第一，整体

东龙观墓群 6 号墓西北壁

东龙观墓群 6 号墓西壁

风格粗犷，没有晋南金代墓葬繁缛、细致的斗栱组合；第二，随葬品组合清晰，尤其是以陶魂瓶为主的明器；第三，壁画与砖雕运用于一个墓葬中，技法成熟，表现手法多样；第四，M5 西壁的“交钞兑换”壁画，对宋金时期金融货币史、早期晋商研究具有划时代的意义。

东龙观墓群 2 号墓北壁

东龙观墓群 5 号墓东北壁

# 太符观

2001年，被国务院公布为第五批全国重点文物保护单位。

太符观始建年代不详，据观内现存碑碣记载，金承安五年（1200）创建醮坛；明代，观内的后土圣母殿被火焚烧，万历十一年（1583）重建；明万历三十六年（1608）增建紫微阁；清顺治十四年（1657）重修五岳殿；1978年对全观进行整体维修。

观坐北面南，原布局不详，现存为一进院，占地面积5099平方米。中轴线上由南至北为山门、昊天玉皇上帝殿，西侧存偏门1座、舍窑5孔和西配殿（五岳殿），东侧有办公室（新建）和东配殿（后土圣母殿）。现存正殿为金代遗构，其余均为明代建筑。

昊天玉皇上帝殿位于观内北端，建于台基之上，面阔三间，进深六椽，四椽栿前对乳栿用三柱，单檐歇山顶，琉璃脊饰。殿内神台之上设竹木神龛，龛内塑玉皇大帝坐像及侍臣、侍女像7尊，为明代塑造。殿内山墙及后壁存清代绘《朝元图》壁画，共93平方米。大殿前墙外侧镶金承安五年（1200）《太符观创建醮坛记》碣石。

五岳殿面阔三间，进深六椽，单檐悬山顶。其前檐柱头有明显卷杀。殿宇神坛之上设五岳四渎神像，南北两山悬塑五岳巡幸与四渎出行。

位置　吕梁市汾阳市杏花村镇上庙村西北

时代　金代至清代

类型　古建筑

太符观远景

太符观昊天玉皇上帝殿内景

太符观昊天玉皇上帝殿壁画

后土圣母殿位于中轴线东侧，坐东向西，面阔五间，进深三间，单檐悬山顶。梁架为五架梁前后单步梁，四柱前廊式结构。前檐斗栱为五踩双下昂，檐柱柱头卷杀明显。明、次间施六抹隔扇门，梢间施直棂窗。殿内神坛供奉9位女仙，为后土圣母及众生育女神。正壁神龛之后绘《燕乐图》壁画，描绘圣母宫中生活场景。两山墙壁满布悬塑，为圣母出行和回宫场景。

各殿宇中彩塑、壁画和悬塑保存较为完整，数量众多，制作精美，具有较高的历史、艺术价值。

太符观后土圣母殿悬塑、塑像

太符观石雕像

# 汾阳五岳庙

位置　吕梁市汾阳市三泉镇北榆苑村南

时代　元代至清代

类型　古建筑

2006年，被国务院公布为第六批全国重点文物保护单位。

汾阳五岳庙创建年代不详，据庙内《重修五岳大庙碑记》载，元大德三年（1299）重修，次年（1300）增建水仙殿，七年（1303）遭地震，十年（1306）再修；明嘉靖六年（1527）及清顺治十五年（1658）、雍正八年（1730）重修；雍正九年（1731）、乾隆六年（1741）增建；清嘉庆十九年（1814）至道光元年（1821）再次进行了修葺和增建。庙坐北朝南，由庙院和佛龛院组成，占地面积为7200平方米。庙院原布局不详，中轴线上由南至北依次存倒座南舍窑7孔、乐楼和五岳殿；五岳殿西侧存圣母殿，东侧存水仙殿和龙王殿。庙院内存石碑1通。佛龛院毗连于庙院西北角，一进院布局，中轴线上存院门和正窑5孔，两侧存东西配窑各3孔。五岳殿、水仙殿为元代遗构，圣母殿及佛龛院为明代建筑，其余为清代建筑。

五岳殿即正殿，据殿内梁架题记载，重建于元大德十年（1306）。五岳殿建在高0.5米的砖砌台基上，面阔三间，进深六椽，单檐悬山顶。梁架为四椽栿对前乳栿通檐用三柱，梁架节点上施襻间斗栱。殿内两山墙及前墙上保存元代壁画，面积约30平方米。前墙门两侧各绘武士像1尊，两山墙上绘《五岳巡游图》。

汾阳五岳庙五岳殿

汾阳五岳庙五岳殿梁架

汾阳五岳庙五岳殿壁画

水仙殿位于五岳殿东侧，据殿内梁架题记载，创建于元大德四年（1300），清嘉庆年间修葺。面阔三间，进深四椽，单檐悬山顶。梁架为四椽栿通达前后檐用三柱，梁架节点上施襻间斗栱。殿内后墙残损较甚，两山墙上残存壁画，面积约 20 平方米，大部分已漫漶不清。殿内保存元大德六年（1302）砖砌神坛，残高约 0.8 米，正立面束腰部位浮雕人物、花卉、龙、凤等，并题刻年款及匠人姓名。

# 峪口圣母庙

位置 吕梁市汾阳市峪道河镇峪口村中部

时代 元代至清代

类型 古建筑

2019年，被国务院公布为第八批全国重点文物保护单位。

峪口圣母庙俗称“娘娘庙”，据《汾阳县金石类编》载，该庙正殿原构门墩石上题有“大德十一年岁次丁未乙酉月癸巳初三日记”字样，故推断该庙创建于元大德十一年（1307）。2006—2008年维修。

庙坐北朝南，二进院布局，占地面积6636平方米。中轴线上由南至北依次存山门、献殿和正殿，轴线西侧存西配殿、西垛殿，东侧存东配殿、圣母殿，圣母殿前设有献殿。山门顶部设洞宾祠一间。现存建筑中，正殿及西垛殿为元代遗构，圣母殿及东西配殿为明代遗存，其余属清代建筑。庙内存元至正十五年（1355）石幢1根，明万历四年（1576）、清乾隆四十八年（1783）碑各1通，另有石碣1方、角兽1尊。

圣母庙正殿又名“贺虏（润济侯）殿”，建在高0.2米的砖砌台基上，面阔三间，进深五椽，单檐悬山顶，殿顶琉璃脊饰均为2006年重修时补配。梁架为三椽栿前接乳栿用三柱。前廊柱头施五铺作双昂重栱，计心造，补间铺作每间一朵。前檐明间设板门，次间为直棂窗。殿内山花墙及栱眼壁上保存写意花卉。

圣母殿位于正殿东侧，建在高0.1米的砖砌台基上，面阔三间，进深四椽，单檐悬山顶，五檩前出廊构架。前廊柱头设单翘三踩斗栱，平身科每间一攒，明间平身科上出45°斜栱。前檐明间设四扇六抹隔扇门，次间为直棂窗。殿内两山墙上壁画被涂刷。

峪口圣母庙正殿

峪口圣母庙献殿

# 柏草坡龙天土地庙

位置 吕梁市汾阳市峪道河镇柏草坡村

时代 元代至民国

类型 古建筑

2013年，被国务院公布为第七批全国重点文物保护单位。

据脊槫题记记载，柏草坡龙天土地庙创建于金承安五年（1200），元至正二十七年（1367）维修。该庙坐北向南，一进院落，占地面积1432平方米。中轴线上由南向北有戏台、献殿、龙王殿，东侧存配殿。龙王殿为金代始建、元代重建，其余皆为清代、民国时期建筑。

龙王殿面阔三间，进深二椽，单檐悬山顶。殿内梁架为四架椽劄牵对三椽栿用三柱，脊槫下皮有金承安五年（1200）始建年代题记，顺脊串下有元至正二十七年（1367）维修题记。殿内保存原构砖砌神坛，正立面设砖雕花卉、动物纹饰。

柏草坡龙天土地庙建筑格局基本完整，建筑形制具有特色，特别是龙王殿的年代明确，对研究这一地区金元时期建筑发展与演变具有重要参考价值。

柏草坡龙天土地庙全景

柏草坡龙天土地庙献殿

柏草坡龙天土地庙戏台

# 汾阳关帝庙

位置　吕梁市汾阳市文峰街道办事处鼓楼南社区庙前街4号

时代　明代

类型　古建筑

2019年，被国务院公布为第八批全国重点文物保护单位。

汾阳关帝庙原名“关王庙”，俗称“铁马老爷庙”。据庙内碑石及殿顶脊刹题记载，该庙建于明正德十年（1515），以后历代屡有修葺或增建，20世纪90年代进行过维修。庙坐北朝南，二进院布局，占地面积为6315平方米。中轴线上由南至北依次存山门（新建）、献殿、正殿和后殿，两侧存前院东西垂花门（新建）、东西配殿、东西耳殿及后院东西耳房，后院东侧存窑洞1座（原春秋楼一层）。现存为明代遗构。

献殿建在高0.3米的砖砌台基上，面阔三间，进深五椽，单檐卷棚歇山顶，殿顶设琉璃脊饰，琉璃剪边。梁架为六檩卷棚无廊式。该殿后檐与正殿前檐作勾搭造，前檐明间采用移柱造。六架梁前后梁头分别落在前檐平身科斗栱和正殿前檐平板枋之上。前檐及两山檐下柱头科、平身科斗栱均为单翘三踩。装修部分均为新作。

据殿顶脊刹神罩题记载，正殿建于明正德十年（1515），面阔三间，进深四椽，单檐悬山顶，殿顶设琉璃脊饰。殿内梁架为五檩前出廊。前檐柱头斗栱为五踩双昂，平身科每间一攒，明间平身科斗栱上出45°斜昂。后檐设单翘三踩斗栱七攒。前檐装修为新作。殿内原塑像及壁画均毁，现存汾阳王郭子仪塑像及神罩。

汾阳关帝庙正殿及东西配殿

汾阳关帝庙献殿

汾阳关帝庙山门

庙内存明万历年间重修碑 1 通、明代琉璃狮 1 对。该庙正殿、后殿、献殿殿顶脊饰及山花壁、栱眼壁大量采用琉璃装饰，现存大部分琉璃为明代遗物，色彩纯正，造型生动，具有较高的艺术价值。

# 文峰塔

位置　吕梁市汾阳市文峰街道办事处建昌村东

时代　明代至清代

类型　古建筑

2006年，被国务院公布为第六批全国重点文物保护单位。

文峰塔俗称“建昌塔”，明末施建，清初完工。

文峰塔为砖石结构，平面呈八边形，十三层楼阁式塔。底宽15.75米，通高84.93米。一层南面设石券圆拱门；二层东、南、西、北四面设窗，三层以上每面设圆拱窗，全塔共设圆拱券窗92孔。塔檐为仿木砖雕结构，由砖雕额枋、垂莲柱、平板枋、斗栱、椽、飞、滴水、勾头、角梁等组成。六层以下每层设斗栱48攒，七层以上每层设32攒，通体共设仿木砖雕斗栱512攒。塔体内部为“双层套筒式”结构，中心部位为塔室，外围塔壁间夹以踏道，逐层折上，可至十三层。塔室及踏道顶部皆为砖券结构。塔室内新塑观音及十二生肖，每层1尊。

文峰塔远景

文峰塔塔身

文峰塔塔座

文峰塔楼梯

# 汾阳后土圣母庙

位置：吕梁市汾阳市栗家庄乡田村村东

时代：明代至民国

类型：古建筑

2019年，被国务院公布为第八批全国重点文物保护单位。

汾阳后土圣母庙又名“神母庙”，始建年代不详，据《汾阳县金石类编》中《重修神母庙碑记》记载，明嘉靖二十八年（1549）重建。1992年，汾阳市文物管理所对该庙实施整体维修。庙坐北面南，一进院布局，占地面积2089平方米。中轴线上现仅存正殿，东侧存东耳殿（马王殿）。现存为明代遗构。

正殿建在高0.5米的砖砌台基上，面阔三间，进深四椽，单檐悬山顶，殿顶设琉璃脊饰、剪边、方心。梁架为五檩前出廊式。前檐柱头设单昂三踩斗栱，平身科每间二攒。明间平身科出45°斜昂。前檐明、次间皆设四扇六抹隔扇门。殿内后墙及两山墙上保存59.46平方米壁画，后墙上所绘内容为《圣母燕乐图》，两山墙为《圣母巡游图》，具有较高的艺术和文物价值。

庙内现存5通清代维修碑。

汾阳后土圣母庙正殿

汾阳后土圣母庙北墙壁画局部

汾阳后土圣母庙斗栱

# 杏花村汾酒作坊

位置　吕梁市汾阳市杏花村镇东堡村卢家街西

时代　清代

类型　古建筑

2006年，被国务院公布为第六批全国重点文物保护单位。

杏花村汾酒作坊始建年代及修葺年代不详，现存古井为元代遗存，建筑为清代遗构。

作坊原由南、北相对的两组院落群组成，总占地面积约1.12万平方米。南院落群统称为“杏花名迹园”，占地面积4000平方米，院内建筑全无，现仅存北围墙和大门。北院落群由并列的五个院落组成，占地面积7200平方米，由东向西依次为杏花村院、晋裕公司造酒厂院、勤俭院、作坊院、宝泉院。现除作坊院、宝泉院保留外，其余院落院内建筑全毁，仅存院墙及大门。

作坊院内保存民国时期建筑6栋，院落布局完整，建筑结构稳定，保存完好。宝泉院内仅存古井亭一座，亭内有古井一眼。

作坊院坐北面南，占地面积为1370.2平方米。院落为四合院布局，砖砌堡式院墙。中轴线上由南向北为南作坊、北作坊，东西两侧有上作坊和下作坊，均为砖木结构。西作坊与南作坊间设券门，与宝泉院连通。北作坊为单檐单坡硬山顶瓦房，面阔五间，进深四椽，梁架为五架梁单坡式结构。东西上、下作坊结构相同，均为单檐单坡硬山顶瓦房，面阔三间，进深三椽，梁架为四架梁单坡式结构。南作坊为单檐硬山顶前后坡瓦房，进深五椽，梁架为五架梁后插廊。廊下墙体内镶嵌《申明亭酒泉记》及《同贺石碣》2方碣石。每栋建筑内都有数口发酵地缸。

杏花村汾酒作坊充分展示了中国数百年间白酒酿造工艺的传承与发展，为研究酿酒业提供了实物资料。

杏花村汾酒作坊外景

杏花村汾酒作坊古井亭

杏花村汾酒作坊酒糟窖

# 杏花村遗址

位置　吕梁市汾阳市杏花镇东堡

时代　新石器时代

类型　古文化遗址

1986年，被山西省人民政府公布为第二批省级文物保护单位。

杏花村遗址于1982年进行了发掘，遗址分8个阶段，时代跨度较长，从新石器时代仰韶中期一直延续到商代，尤以龙山文化晚期和商时期遗存为主。

遗址范围较广，东至窑头、辛庄，北至冯郝沟缓坡丘陵地带，后连起伏的吕梁山脉，地势北高南低，面积约15万平方米。

该遗址的龙山文化晚期遗存被命名为一种独立的考古文化——杏花文化，其完整展现了陶鬲这类史前文化的核心炊器的演变过程，即从宽弧裆到宽平裆再到尖角裆，是北方龙山文化发展阶段的代表性器物。杏花文化以双鋬鬲为代表，并以晋中为主要分布区，对晋南、陕北、内蒙古中南部及太行山东麓地区有着深刻影响。

杏花村遗址范围内发现的商时期遗存也较为丰富，还有一处中商时期的典型墓地，随葬品以陶鬲为主，主要分三类，有典型商式鬲、当地土著筒腹鬲、中间型鬲，这三类典型文化因素，很有可能是其人群构成的一个反映。

杏花村遗址全景

# 峪道河遗址

位置：吕梁市汾阳市城北6千米峪道河镇

时代：新石器时代

类型：古文化遗址

1986年，被山西省人民政府公布为第二批省级文物保护单位。

峪道河遗址主要包括新石器时代仰韶文化中期、龙山文化晚期等阶段遗存。

遗址地处汾水以西，位于缓坡丘陵的山前地带，后连起伏的吕梁山脉，分布广阔，由南向北，从李贞沟到田褚、水泉，东扩至崖头、峪口等几个自然村，面积约680万平方米，与东堡、上贤遗址连成一线。

经调查，在遗址范围内发现瓮棺2件，于墓穴内口对口对扣。采集到的遗物有尖底瓶、弦纹罐、彩陶钵、陶盆等，纹样以线纹为多，此外还有石斧、陶环、石刀、陶刀、盘状器等器物。

该遗址范围大，年代延续久，对研究该地区仰韶、龙山时期的考古文化具有重要的参考价值。

峪道河遗址全景

峪道河遗址保护标志碑

# 北垣底遗址

位置 吕梁市汾阳市城西3.5千米处栗家庄乡北垣底村西南的丘陵地带

时代 新石器时代

类型 古文化遗址

1986 年，被山西省人民政府公布为第二批省级文物保护单位。

北垣底遗址多以新石器时代龙山晚期遗存为主。

遗址西高东低，呈狭长地势，东西长约 500 米，南北宽约 100 米，分布面积约 5 万平方米，总面积 1.2 万平方米。

1982 年，吉林大学考古系与山西省考古研究所、国家文物局联合组成晋中考古队，对该遗址进行了调查和首次发掘，在地表发现多处暴露灰坑、瓮棺，部分文化层距地表深 2 米、厚 0.4 米。采集到的遗物有龙山文化晚期的绳纹陶片等。此外，还有商代、东周时期的绳纹泥质灰陶罐残片。

北垣底遗址远景

# 巩村古城址

位置：吕梁市汾阳市城西南7千米处的三泉镇巩村

时代：战国至汉代

类型：古文化遗址

2021 年，被山西省人民政府公布为第六批省级文物保护单位。

2008 年，山西省考古研究所对巩村古城址进行了细致调查，确认其始建于战国，在曹魏时废弃。古城址平面呈方形，边长约 500 米，分布面积约 25 万平方米。城墙在地表断断续续保留一部分，基宽约 6—8 米，残高 1—3 米，为黄土夯筑。墙体采用版筑，早期夯层厚 10 厘米，晚期夯层厚 20 厘米。在城址内采集到东周时期的陶片等遗物。

巩村古城址对研究东周、曹魏时期当地的社会发展、城市布局等具有一定的价值，是当地早期历史记忆的实物载体。

巩村古城址全景

巩村古城址土台

# 狄青墓

位置：吕梁市汾阳市峪道河镇刘村东约200米处

时代：宋代

类型：古墓葬

1996年，被山西省人民政府公布为第三批省级文物保护单位。

狄青（1008—1057），字汉臣，北宋汾州西河（今汾阳）人，宋廷赐谥号“武襄公”，嘉祐四年（1059）二月归葬西河。

墓地原分布面积为7.99万平方米。墓区内封土夷平，现仅存原神道碑座及清宣统元年（1909）在该碑座上重立的墓碑1通（原神道碑现存于汾阳太符观内）。碑坐北朝南，青石质，碑身残高1.9米，宽0.5米，厚0.3米。碑阳正中镌“宋狄武襄公之墓”。碑阴载原碑立于宋嘉祐七年（1062），因其倒于路旁，恐其泯灭，故将其迁至郡城狄公祠；又恐此地日后成为墟坪，特立此碑。原碑座为青石质，龟趺式，体形较大，高0.7米。另外，墓地原有石兽2尊（羊、虎），现存于刘村关帝庙内。

狄青墓墓碑

# 虞城五岳庙

位置 吕梁市汾阳市阳城乡虞城村北约130米

时代 金代

类型 古建筑

2004年，被山西省人民政府公布为第四批省级文物保护单位。

虞城五岳庙始建年代不详，据《汾阳金石类编》所录《金五岳庙醮众题名石碣》记载，该庙在金章宗泰和三年（1203）就已存在。又据庙内正殿和西耳殿梁架题记载，现存庙宇于清康熙九年（1670）重建。庙坐北朝南，原为二进院布局，现已被改造为一个院落，占地面积2146平方米。中轴线上现存戏台和正殿，轴线两侧存东西耳殿、西配殿、西厢房，戏台东侧存庙门和一间门房。东配殿及东厢房已被改建。现存正殿为金代遗构，其余为清代建筑。

正殿即五岳殿，面阔三间，进深五椽，单檐硬山顶。脊筒上浮雕牡丹、莲花、凤凰等纹饰。梁架为四椽栿前劄牵用三柱，梁架节点上设襻间斗栱。前檐柱头斗栱为五铺作单杪单昂计心造，补间铺作每间一朵。东西耳殿面阔均为三间，硬山顶。西配殿面阔一间，硬山顶。戏台面阔三间，硬山顶。

虞城五岳庙正殿

虞城五岳庙戏台

虞城五岳庙正殿梁架

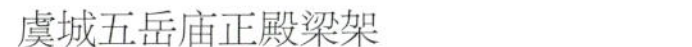

虞城五岳庙正殿斗栱

# 法云寺

位置　吕梁市汾阳市三泉镇平陆村中

时代　元代

类型　古建筑

2004 年，被山西省人民政府公布为第四批省级文物保护单位。

法云寺又称“大悲庵”，据正殿梁架题记及现存清代重修碑记载，建于元至大元年（1308），清康熙庚子年（1720）、乾隆三十二年（1767）重修。寺坐北朝南，一进院布局，占地面积为 714.6 平方米。中轴线上现存山门和正殿，轴线西侧存西配殿和西耳殿，东侧存东配殿。现存正殿主体为元代遗构，其余均属民国时期建筑。

正殿建在高 0.4 米的砖砌台基上，面阔三间，进深四椽，单檐硬山顶（原为悬山顶）。梁架为三椽栿前接劄牵用三柱。该殿柱头卷杀明显，内檐金柱头及梁架节点上皆设斗栱，均呈元代建筑风格。山门为砖构辟墙门，中西合璧风格。寺内存石碑 2 通。

法云寺山门

法云寺正殿

法云寺正殿梁架

# 堡城寺龙王庙

位置 吕梁市汾阳市峪道河镇堡城寺村中

时代 元代

类型 古建筑

2004 年，被山西省人民政府公布为第四批省级文物保护单位。

堡城寺龙王庙创建年代不详，据现存碑刻记载，于清道光十八年（1838）修葺。庙坐北朝南，占地面积约 2265 平方米，原由庙院及戏场院组成，现仅存正殿和关帝殿。正殿为元代遗构，关帝殿属清代建筑。

正殿即龙王殿，建在高 0.7 米的砖砌台基上，面阔三间，进深四椽，单檐悬山顶。梁架为三椽栿前接劄牵用三柱。前檐柱头设四铺作单昂重栱计心造，补间铺作每间一朵，明间补间铺作上出 45° 斜昂。该殿柱头卷杀明显，前檐柱头施大额枋，梁架节点上设襻间斗栱等，均为早期建筑特征。关帝殿为带前廊的 3 孔砖券窑洞。

庙内存清代至民国年间补修庙碑 1 通、水务碑 3 通、重修照壁石碣 1 方。

堡城寺龙王庙正殿

堡城寺龙王庙正殿斗栱

# 齐圣广佑王庙

位置　吕梁市汾阳市三泉镇义丰北村东北

时代　元代

类型　古建筑

2004年，被山西省人民政府公布为第四批省级文物保护单位。

齐圣广佑王庙俗称“相公庙”，始建及修葺年代不详。庙宇坐北朝南，由庙院、戏场院及斋房院组成，占地面积为2414.6平方米。中轴线上由南至北依次存乐楼、庙门（已改建）和正殿，乐楼东侧存窑洞2孔。斋房院毗连于庙院西侧，一进院布局，中轴线上现存院门和正窑5孔，轴线两侧存东西舍窑各3孔。现存建筑中，唯正殿保留早期建筑风格，属元代建筑，其余均为清代遗构。

正殿面阔三间，进深四椽，单檐悬山顶，殿顶设孔雀蓝琉璃脊饰、剪边。梁架为三椽栿前接劄牵用三柱，梁架节点上设襻间斗栱。廊心墙及前檐门之两侧墙体上各绘人物像1幅。殿内两山墙上保存有壁画，面积约35平方米，绘画内容为花卉、山水屏风。

齐圣广佑王庙正殿

齐圣广佑王庙正殿斗栱

齐圣广佑王庙正殿壁画

# 南赵郡佛殿

位置  吕梁市汾阳市栗家庄乡南赵郡村中部

时代 元代

类型 古建筑

2021年，被山西省人民政府公布为第六批省级文物保护单位。

南赵郡佛殿俗称“佛殿”或“大殿”，原寺名称不详，布局无存，现仅存大殿。大殿始建年代不详，据殿内梁架题记所载元代官职“达鲁花赤”字样，结合现存构架特征，推断其主体为元代遗构。

殿坐北朝南，南北长13.05米，东西宽12.1米，占地面积158平方米。殿前设有宽阔的台基（疑为月台），高0.9米。大殿面阔三间，进深四椽，单檐硬山顶（原为悬山顶）。梁架为三椽栿前接劄牵用三柱。殿内前金柱柱头设一斗二升斗栱，承托三椽栿。后平槫之下置襻间斗栱。前檐柱头施四铺作单昂重栱计心造，补间铺作均为一朵（昂后尾延为挑斡），明间补间铺作上出45°斜昂。前檐装修已被改造。该殿内柱柱头及前檐柱头卷杀明显，举架平缓，前檐斗栱正心慢栱为隐刻，这些特点均为早期建筑特征，具有一定的历史研究价值。

南赵郡佛殿正面

南赵郡佛殿梁架

# 禅定寺

位置 吕梁市汾阳市阳城乡普会村永宁东街

时代 元代至清代

类型 古建筑

2004年，被山西省人民政府公布为第四批省级文物保护单位。

禅定寺始建年代不详，据寺内现存清康熙元年（1662）重修碑记载，清顺治十二年（1655），由于遭受洪灾，原庙宇倾毁，于康熙元年（1662）重建。据正殿及过殿梁架题记载，清嘉庆二十一年（1816）至二十二年（1817）重建。

寺坐北朝南，二进院布局，南北长59.7米，东西宽27.2米，占地面积1624平方米。中轴线上由南向北依次存山门、过殿和正殿，二进院两侧存东西配殿各4间。现存建筑上明显存在早期建筑构件及建造特征，呈现出元、明、清各代的建筑风格。

正殿又称“大雄殿”，砖砌台基高1.15米，面阔三间，进深四椽，单檐悬山顶。梁架为五檩前出廊构架，梁架节点上设襻间斗栱。前檐柱头设三踩单翘斗栱，平身科每间一攒，形制与柱头一致。后檐设一斗二升斗栱。殿内梁架上施彩绘，山花墙上保存有壁画，面积约5平方米，内容为山水、人物等。该殿虽为清嘉庆年间重建，但前檐柱头卷杀明显，梁架上设襻间斗栱等，属早期建筑手法。

寺内存清康熙元年（1662）重修碑1通。

禅定寺正殿

禅定寺正殿斗栱

# 石家庄龙天庙

位置：吕梁市汾阳市栗家庄乡石家庄村

时代：元代、清代

类型：古建筑

2021年，被山西省人民政府公布为第六批省级文物保护单位。

石家庄龙天庙创建年代不详，坐北朝南，一进院落布局，占地面积1755平方米。中轴线现仅存正殿，两侧存大门（民国时期建筑）、西配殿、东西耳殿。现存正殿及东西耳殿为元代遗构，西配殿为清代遗构。

正殿建在高0.6米的砖砌台基上，面阔三间，进深四椽，单檐悬山顶。殿内梁架为三椽栿前接劄牵用三柱。前檐柱头铺作、补间铺作均为一朵，形制均为四铺作单昂。殿内设砖砌须弥座神台，束腰部分雕刻花卉。东、西耳殿形制相同，均面阔三间，进深三椽，单檐悬山顶。殿内梁架为二椽栿前接劄牵用三柱。前廊设四铺作斗栱五朵。前檐明间设板门，次间为直棂窗，现仅存门框和窗框。西配殿面阔三间，现存为砖砌窑洞形制。

石家庄龙天庙正殿

# 报恩寺

位置：吕梁市汾阳市太和桥街道办事处鼓楼北社区豆腐巷北口

时代：元代至明代

类型：古建筑

报恩寺正殿

2004 年，被山西省人民政府公布为第四批省级文物保护单位。

报恩寺俗称“姑姑寺”“姑姑庙”，创建年代不详，坐北朝南，一进院布局，占地面积 840 平方米。中轴线自南向北为过殿、正殿，两侧为东西厢房，过殿西侧有鼓楼。现存正殿为元代遗构，其余为明代建筑。

正殿面阔三间，进深五椽，单檐悬山顶，殿顶饰琉璃方心，琉璃剪边。梁架为四椽栿前后劄牵用四柱。前檐柱头铺作为五铺作双昂重栱计心造。补间铺作每间两朵，形制与柱头一致。东西厢房各三间，单坡硬山顶。

# 东石龙天庙

位置 吕梁市汾阳市三泉镇东石村

时代 元代、清代

类型 古建筑

2021年，被山西省人民政府公布为第六批省级文物保护单位。

东石龙天庙创建年代不详，据正殿脊刹题记载，明弘治九年（1496）、清嘉庆十六年（1811）重修，1949年后曾作为学校、库房使用，并改制了装修及前檐墙。庙坐北朝南，占地面积233平方米，原由庙院及斋房院组成，现仅存正殿及东西耳殿。现存正殿为元代遗构，东西耳殿为清代建筑。

正殿面阔三间，进深四椽，单檐硬山顶（原为悬山顶）。殿内梁架为三椽栿前接劄牵用三柱。前廊柱头铺作为四铺作单杪，补间铺作每间一朵。殿内柱头卷杀明显，内檐柱头及梁架节点上皆施斗栱。东西耳殿均为单孔砖券窑洞。

东石龙天庙全景

东石龙天庙正殿梁架

# 后沟玲珑塔

位置：吕梁市汾阳市峪道河镇后沟村

时代：明代

类型：古建筑

2021年，被山西省人民政府公布为第六批省级文物保护单位。

后沟玲珑塔创建于明万历二年（1574），现存建筑为明代遗构。

塔为七层八角楼阁式砖塔，通高约30米。砖砌塔座呈八边形，边长4米，高3.3米。塔身逐层收分，每层施仿木构砖雕塔檐。一层檐下设砖雕三踩单昂斗栱，计32攒，以上各层均为三踩单翘斗栱。一、二层檐角设垂柱，二、四层塔壁装饰砖雕勾栏。一层西面设门，门顶设砖雕垂花檐楼；二、四、六、七层均在东、南、西、北四面各设一窗；三层、五层则八面各设一窗。塔身中空，一层内部为砖券结构，并于南壁上设踏道，通往上层。二至七层原设木楼梯，现已缺失。塔顶残破，塔刹无存。

塔座上现存明天启年间石碣3方，其中1方内容已剥落难辨，另2方记载了庆成王、永和王等修建华严庵捐物、施地等事宜。

后沟玲珑塔局部

后沟玲珑塔内部

后沟玲珑塔

# 汾阳南薰楼

位置 吕梁市汾阳市文峰街道办事处南关村

时代 明代

类型 古建筑

2021年，被山西省人民政府公布为第六批省级文物保护单位。

汾阳南薰楼始建于明弘治十三年（1500），万历二十二年（1594）增修佛阁，清康熙十二年（1673）重修，后于康熙四十八年（1709）、乾隆二十二年（1757）、乾隆五十八年（1793）再次维修。现存建筑为明代遗构，占地面积324平方米。

南薰楼为楼阁式建筑，通高17.26米。石砌台基，平面呈方形，四面皆设踏步。木构楼体面阔、进深各三间，二层四檐，十字歇山顶。平面设柱16根，外围12根檐柱，里面4根通天金柱，檐柱、金柱间以枋木及斗栱后尾相连。一层檐柱柱头施额枋一周，其上设五踩单翘单昂斗栱24攒。二层檐下设七踩三翘斗栱24攒。三层檐下设三踩单翘斗栱24攒。四层檐下设五踩双昂斗栱16攒。一层顶部设藻井，并在东侧檐柱、金柱之间设木楼梯，可上二层。二层金柱间新装隔扇门窗，内设东、西、南、北4个佛阁。楼顶设绿琉璃雕花脊，黄色龙形大吻两两相对。楼内存明万历二十二年（1594）《增修佛阁神龙庙记》、清康熙十二年（1673）《重修南薰楼碑记》石碑各1通。

汾阳南薰楼远景

# 药师七佛多宝塔

位置 吕梁市汾阳市杏花村镇小相村

时代 明代

类型 古建筑

2021 年，被山西省人民政府公布为第六批省级文物保护单位。

据《汾阳县金石类编》所载《故宣秘大师潮公塔记》记载，药师七佛多宝塔始建于元至元年间，为潮公大师的舍利塔，共七层。又据《灵岩寺增修记》及塔上石碣记载，明嘉靖二十八年（1549）增建为十三层。现存建筑为明代遗构。

塔坐北朝南，占地面积 36 平方米，砖石结构，十三层八角楼阁式，高约 30 米。塔身下设石砌须弥座，角部雕刻力士。砖砌塔身收分明显，每层之间以砖雕斗栱、椽、飞组成塔檐。一至三层斗栱为三踩单昂，四层以上斗栱为一斗三升。塔门设于南壁。塔内有逆时针旋转踏道，可上一至四层。四层至七层中空，为塔室。塔内顶部叠涩作藻井，并有悬塑。塔顶为攒尖顶，上置塔刹。塔内存明代石碣 1 方。

药师七佛多宝塔

药师七佛多宝塔塔座局部

# 演武寿圣寺

位置 吕梁市汾阳市演武镇演武村

时代 明代至清代

类型 古建筑

2021年，被山西省人民政府公布为第六批省级文物保护单位。

演武寿圣寺创建年代不详，据正殿梁架题记载，元至正三年（1343）、延祐五年（1318）及明洪武六年（1373）、正德十三年（1518）、嘉靖十年（1531）重修或重建。寿圣寺坐北朝南，现存为一进院布局，南北长28.42米，东西宽52.83米，占地面积1500平方米。中轴线上由南向北现存过殿和正殿，两侧仅存西配殿。现存建筑均为明代遗构。

正殿建在高0.9米的砖砌台基上，面阔五间，进深六椽，单檐悬山顶，殿顶琉璃剪边，脊饰无存。梁架为七檩前后廊式，节点上施襻间斗栱。前廊柱头设单昂三踩斗栱，平身科每间二攒（昂后尾延为挑斡）；后檐柱头科设单翘三踩斗栱，平身科每间一攒。前金柱间原构装修无存。前檐柱头有卷杀，柱础为覆盆式。该殿现存主体虽为明代重建，但仍保留早期建筑风格。过殿面阔三间，进深五椽，单檐悬山顶，六檩前出廊构架，前后檐装修不存。

演武寿圣寺正殿

演武寿圣寺正殿斗栱

演武寿圣寺正殿题记

# 岅峪东岳庙

位置：吕梁市汾阳市三泉镇岅峪村

时代：明代至清代

类型：古建筑

2021年，被山西省人民政府公布为第六批省级文物保护单位。

岅峪东岳庙始建年代不详，据正殿梁架题记载，明嘉靖二十四年（1545）重修。庙宇坐北朝南，原构布局不详，现存为一进院落，南北长53.99米，东西宽29.95米，占地面积为1617平方米。中轴线上由南至北现存戏台台基（内设山门）和正殿，轴线东侧存南窑（3孔砖券窑洞）和东耳殿（单孔砖券窑洞），西侧存西耳殿（单孔砖券窑洞）。现存建筑中，正殿保留元代建筑特征，属元代遗构，其余均为清代建筑。

正殿建在高0.25米的砖砌台基上，面阔三间，进深四椽，单檐硬山顶（原为悬山顶），殿顶设琉璃脊饰。梁架为三椽栿前接劄牵用三柱，梁架节点上设襻间斗栱。前廊柱头斗栱为四铺作单杪重栱计心造，补间铺作均为一朵。前檐明间设板门，次间为直棂窗。殿内仅在两侧山花壁上保存有壁画，面积约3平方米，内容为写意花卉。该殿举架平缓，梁架上施襻间斗栱，前廊檐柱头有卷杀，柱础石为覆盆式，这些特点均属早期建筑特征。

庙内存石碣2方。该庙另有清乾隆十八年（1753）金妆神像碑1通，现存于本村王金香院内。

岥峪东岳庙正殿

岥峪东岳庙正殿斗栱

岥峪东岳庙东耳殿

# 刘家堡关帝庙

位置　吕梁市汾阳市栗家庄乡田村刘家堡自然村

时代　清代

类型　古建筑

2021年，被山西省人民政府公布为第六批省级文物保护单位。

据庙内现存碑碣记载，刘家堡关帝庙创建于清顺治年间，康熙五十八年（1719）、乾隆十年（1745）增修，嘉庆二十一年（1816）、光绪十三年（1887）、宣统三年（1911）重修。庙坐西朝东，一进院落布局，占地面积800平方米。中轴线由东向西依次为戏台、献亭和正殿，两侧为大门、南配殿、北配殿、观音殿。现存建筑为清代遗构。

戏台台基高1.6米，面阔三间，进深五椽，单檐卷棚硬山顶，六檩无廊式构架。正殿即关帝殿，砖砌台基高0.9米，面阔三间，进深三椽，单檐硬山顶。梁架为三架梁前出廊结构，檐下无斗栱。前檐明间装四扇五抹隔扇门，次间安二扇五抹隔扇门。殿内后檐墙两侧及两山墙上保存清代壁画，约35平方米，分别为鼓乐演奏图及三国故事图。庙内存清代维修及增建碑8通、碣10方。

刘家堡关帝庙正殿

刘家堡关帝庙戏台

# 蔚光年宅院

位置 吕梁市汾阳市冀村镇东社村

时代 民国

类型 古建筑

2021年，被山西省人民政府公布为第六批省级文物保护单位。

蔚光年宅院建于20世纪30年代，坐北朝南，由正院、偏院组成，占地面积1588平方米。偏院位于正院东侧，兼作出入正院的通道，中轴线由南向北现仅存大门、正房三间，大门西侧存南耳房一间。正院为一进上、下院布局，中轴线由南向北存倒座（南厅）、正房各七间，下院两侧为院门、东厢房、西厢房、西耳房，上院两侧存东西厢房。现存建筑为民国遗构。

正院正房面阔七间，进深二间，单檐硬山顶，六檩前出廊式构架。烟囱顶部呈西洋楼阁式。前廊两侧至梢间前向南转折，并延伸至东西厢房北山墙，形成凹字形平面布局。廊下设一斗二升装饰性斗栱，其上满雕花卉。栱眼均镶嵌透雕花板，上雕动物、花卉。雀替雕饰人物、花卉、瑞兽、博古等纹样。前檐明间设砖券圆拱门，门顶设六角形窗。两侧次、梢间皆设方形窗，顶部置砖雕窗楣，其上设砖雕花卉。东西厢房均面阔三间，单坡卷棚顶，后墙顶部均用砖砌出“寿”字纹花栏墙。

所有房屋均带前廊，院内四角均设插廊，廊下满施彩绘，檩枋间布满各种木雕装饰构件。房屋门楣、窗楣上均镶嵌砖雕“寿”字或花卉图案。

蔚光年宅院大门

蔚光年宅院一进院西厢房

蔚光年宅院建筑墀头

# 晋中市

山西文物要览

❶ 榆次区

❷ 太谷区

❸ 榆社县

❹ 左权县

❺ 和顺县

❻ 昔阳县

❼ 寿阳县

❽ 祁　县

❾ 平遥县

❿ 灵石县

⓫ 介休市

# 什贴墓群

2006年，被国务院公布为第六批全国重点文物保护单位。

什贴墓群传为北齐韩轨家族墓葬，当地人俗称“王墓”。

墓群面积约8万平方米，共发现7座古墓，地面现存6座封土堆，1座封土夷平。

万历版《榆次县志》记载：“（韩轨）葬（榆次）县东北四十里韩村寨北二里许。”《北齐书》记载，“韩轨，字百年，太安狄那人也……封安德郡王……后拜大司马”。韩轨之子韩晋明“有侠气……留心学问……武平末，除尚书左仆射”。韩轨官居一品，地位显赫。

什贴墓群是罕有的北齐家族墓群，是研究我国北齐家族墓葬的重要历史资料。

位置　晋中市榆次区什贴村西北

时代　南北朝

类型　古墓葬

什贴墓群一、二、三、四号墓

什贴墓群七号墓

# 榆次城隍庙

位置 晋中市榆次区俞家街府兴路225号

时代 元代至清代

类型 古建筑

1996年，被国务院公布为第四批全国重点文物保护单位。

据民国版《榆次县志》及庙中现存碑刻记载，榆次城隍庙始建于元至正二十二年（1362），在蒙古人达鲁花赤帖木儿主持下完成，原址在大北门内善政坊。初建时仅有大殿3间，东、西廊房各3间，山门1间。明宣德六年（1431）迁现址。明成化、弘治、正德年间增修，明嘉靖二年（1523）形成现在的格局和规模。清代又进行过修葺。城隍庙坐北朝南，三进院落布局，占地面积4000平方米。中轴线由南往北建有山门、玄鉴楼（包括乐楼、戏台）、显佑殿、后寝殿，两侧为钟鼓楼、东西廊房、东西配殿等。现存建筑显佑殿为元代遗构，其余皆为明清时期建筑。

显佑殿面阔五间，进深六椽，单檐歇山顶。梁架为五架梁对双步梁通檐用三柱。檐下斗栱为五铺作单杪单下昂。前檐当心间与两次间施单檐卷棚顶抱厦。明间及两次间施隔扇门，梢间设槛窗、槛墙。

山门面阔三间，进深两间，单檐歇山顶。玄鉴楼与乐楼、戏台、影壁形成一个建筑整体。玄鉴楼面阔五间，进深两间，通高17米，为二层四重檐歇山顶楼阁式建筑。玄鉴楼背面为乐楼，与主楼梁柱相连接，面阔五间，进深一间，单檐歇山顶。戏台与乐楼梁柱相连接，面阔一间，进深一间，单檐歇山棚顶。

庙内现存碑刻9通，明代八字砖雕影壁2座、八字琉璃影壁2座。

城隍庙是榆次现存古代建筑中时代较早、规模较大、整体保存较好的道教建筑群。

榆次城隍庙航拍图

榆次城隍庙戏台、影壁、乐楼、玄鉴楼一体图

榆次城隍庙显佑殿

# 猫儿岭墓群

榆次区

位置：晋中市榆次区城区东部

时代：春秋末至汉唐时期

类型：古墓葬

1986 年，被山西省人民政府公布为第二批省级文物保护单位。

猫儿岭墓群是一处始自东周、下至明清的古墓群，尤以战国墓葬居多，墓葬分布十分密集。猫儿岭墓群保护范围分为重点保护区及一般保护区两部分。重点保护区南临潇河，北接南沟，西至中都路，东达交沟，南北长 2700 米，东西宽 1600 米。整个猫儿岭保护区东至源涡村西，南至潇河树林，西至中都路，北至王湖村北（乐平街），总面积约 15 平方千米。

该地点发掘的战国墓葬均为长方形土坑竖穴墓。墓以北向最多，东向次之。墓葬大小，按墓口而论，长 2.04—6 米，宽 0.63—4 米，深 0.2—9.5 米。极少数墓葬有熟土二层台。部分墓葬为口大底小的仰斗状。墓葬棺椁皆已腐朽，从遗留的板灰痕迹观察，大部分墓葬为一椁一棺，其次为一棺，再次为一椁二棺，也有部分墓葬因保存不好而不明其棺椁情况。墓中之人骨架保存较差，根据遗留下来的痕迹判断，大部分墓葬为仰身直肢葬；另有少部分墓葬为仰身屈下肢葬；极少数墓葬人骨架侧向一方，四肢骨呈弯曲状，整个作侧身屈肢葬；部分墓葬则葬式不清。

棺内多放置玉器、石器、装饰品、铜兵器等小件遗物；棺外椁内放置陶器、车马器等，也有少量玉器；石器放置在棺外。墓内的随葬品主要为陶器，无铜容器出土，兵器、车马器、骨器等也较多，另外还出土了各类石质片形饰、蚌器、圆柱状石饰、八边形石饰、料珠、陶片、铜片饰、铜铃等遗物。

猫儿岭墓群发掘现场

猫儿岭墓群出土器物

# 宣乘寺正殿

位置：晋中市榆次区长凝镇西见子村

时代：宋代

类型：古建筑

2016年，被山西省人民政府公布为第五批省级文物保护单位。

据明万历版《榆次县志》记载，宣乘寺始建于唐咸亨二年（671），宋熙宁七年（1074）重修，金大定二年（1162）赐今额。寺原为一进院布局，现仅存正殿，为宋代遗构。

正殿坐北朝南，建于高台基之上，平面近似方形，占地面积215平方米。殿身面阔三间，进深六椽，单檐硬山顶，屋面举折平缓，出檐深远。檐柱及金柱为四角抹棱柱，收分、卷杀明显；檐柱间以阑额相连，阑额上设普拍枋，二者断面呈T字形。梁架跨度较大，四椽栿为复梁式，下层四椽栿对前乳栿用三柱，前乳栿搭在前檐柱头铺作和前檐金柱柱头铺作上；前乳栿及下层四椽栿与上层四椽栿之间下平槫重心处设驼峰、铺作隔承；四椽栿及平梁之间上平槫缝重心处设驼峰、铺作隔承；平梁正中施蜀柱、大叉手、大斗、丁华抹颏栱承脊槫，栱上承替木，蜀柱底部用角背稳固。正殿外檐斗栱为把头绞项造。

宣乘寺正殿平面近似方形，屋面举折平缓，大木构架形制古朴，宋代建筑的特征显著，是榆次区现存为数较少的宋代木构建筑之一，为研究榆次区古建筑提供了实物资料。

宣乘寺正殿航拍图

宣乘寺正殿正面

宣乘寺正殿前檐斗栱

# 蒲池寿圣寺

位置 晋中市榆次区庄子乡蒲池村

时代 明代

类型 古建筑

2016年，被山西省人民政府公布为第五批省级文物保护单位。

蒲池寿圣寺始建年代无考，据寺内碑刻记载，明正德及清乾隆、道光、光绪年间多次重修。寿圣寺坐北朝南，一进院布局，占地面积1277平方米。中轴线由南向北建有山门、正殿，两侧为钟楼、东西配殿，鼓楼已毁。现存建筑均为明代遗构。

正殿面阔三间，进深六椽，单檐悬山顶。梁架明间两缝为五架梁对前后单步梁用四柱，两山梁架为三架梁对前后双步梁用四柱。前檐斗栱为五踩重昂计心造；明间补间斗栱出斜栱，平面呈米字形。

山门面阔三间，进深六椽，单檐硬山顶。明间两缝梁架为五架梁对前双步梁用四柱。前后檐斗栱为七踩三昂，前檐明间补间斗栱出45° 斜栱。

正殿及山门内梁枋均施彩画，约72平方米，保存较好。寺内现存明正德及清乾隆、道光、光绪年间重修碑，共计4通。

寿圣寺为一进四合院布局，规模较小，布局完整，现存五座建筑均保留了明代建筑特征，为研究榆次区古建筑提供了实物资料。

蒲池寿圣寺山门

蒲池寿圣寺正殿

蒲池寿圣寺院内环境

# 高壁资圣寺

位置 晋中市榆次区乌金山镇高壁村

时代 明代至清代

类型 古建筑

2021年，被山西省人民政府公布为第六批省级文物保护单位。

高壁资圣寺创建年代不详，据寺内碑刻载，清嘉庆六年（1801）大修南殿，后道光、同治年间及民国时期多次维修。资圣寺坐北朝南，一进院落布局，占地面积584.31平方米。中轴线由南向北建南殿、正殿，两侧为钟鼓楼（仅存砖砌高台）、东西配殿、东西配房和东西耳房。现存建筑正殿、南殿、东西配殿为明代建筑，其余为清代建筑。

正殿位于中轴线北端，建于高台基之上，面阔三间，进深四椽，单檐悬山顶。殿内梁架为五架梁通达前后檐，通檐用两柱。前檐斗栱为三踩单昂。南殿位于中轴线最南端，面阔三间，进深四椽，单檐悬山顶。明间梁架结构为四架梁对前单步梁通檐用三柱。南殿平面用柱共12根，均为瓜棱砂石柱，按其位置分为前檐柱、后檐柱、前檐金柱及山面中柱，前、后檐柱各计4根，前檐金柱2根，山面中柱2根。斗栱为三踩单昂。西配殿、东配殿形制相同，面阔三间，进深四椽，单檐悬山顶。明间梁架为四架梁对前单步梁通檐用三柱。前檐共施斗栱七攒，除明间平身科为米字栱外，其余基本一致，均为三踩单昂斗栱。

庙内存有清嘉庆六年（1801）、道光二十三年（1843）、同治四年（1865）及1912年重修碑4通。

资圣寺保存较为完整，明代建筑风格显著，局部保留金元时期早期建筑构件，对研究晋中地域的佛教传播与乡村寺庙的建筑具有重要参考价值。

高壁资圣寺航拍图

高壁资圣寺南殿

高壁资圣寺西配殿

高壁资圣寺正殿

# 颉纥法宝寺

位置　晋中市榆次区什贴镇颉纥村

时代　明代至清代

类型　古建筑

2021年，被山西省人民政府公布为第六批省级文物保护单位。

颉纥法宝寺创建年代不详，据寺内碑刻记载，明宣德年间、清顺治九年（1652）重修。法宝寺坐北朝南，二进院落布局，占地面积1054平方米。中轴线由南而北建有山门、过殿和正殿，两侧为东西配殿。现存正殿、过殿为明代遗构，其余均为清代建筑。

正殿建于高台基之上，面阔三间，进深四椽，单檐硬山顶。梁架为五檩无廊式构架。柱头斗栱为一斗三升。正殿内两山墙保留部分壁画，内容为水陆法会神仙图。过殿面阔三间，进深四椽，单檐悬山顶。鼓镜式柱础。梁架为五檩无廊式构架。外檐斗栱为五踩重昂，耍头雕作龙首或蚂蚱头。明间置板门。殿内存有悬塑。山门面阔一间，进深四椽，单檐硬山顶。梁架结构为五架梁通达前后檐。东西配殿形制相同，均面阔三间，进深四椽，梁架为五架梁通达前后檐。

寺院东北约100米处建有舍利塔1座。西配殿内存清代重修碑1通。

法宝寺作为榆次境内保存较为完整的一处明清寺院，明代建筑风格显著，兼具金元时期早期建筑特征。正殿内的水陆法会壁画与过殿内的悬塑，其风格、题材稀有，对研究晋中地域的佛教传播与乡村寺庙的建筑特色具有重要价值。

颉纥法宝寺航拍图

颉纥法宝寺过殿

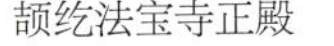
颉纥法宝寺正殿

颉纥法宝寺正殿梁架

# 永康东岳庙

位置　晋中市榆次区张庆乡永康村

时代　清代

类型　古建筑

2016年，被山西省人民政府公布为第五批省级文物保护单位。

据明万历版《榆次县志》记载，永康东岳庙始建于元中统三年（1262），清光绪元年（1875）曾重修。东岳庙坐北朝南，一进院落布局，占地面积1580.2平方米。中轴线上由南向北建有山门（与倒座戏台连构）、正殿，山门两侧为东西耳房、东西掖门、钟鼓楼，院内两侧为东西厢房，厢房南北两侧各有一座碑廊，正殿两侧为东西配殿及东西耳殿。现存均为清代建筑。

正殿建于砖砌台基上，面阔三间，进深五椽，单檐歇山顶，屋面黄、绿琉璃剪边，孔雀蓝琉璃瓦方心，前檐设廊。梁架为五架梁对前单步梁用三柱。前檐斗栱柱头科、平身科均为五踩重昂，蚂蚱形耍头，计心造。明间平身科设斜栱，平面呈米字形；瓜子栱镂空，雕如意卷云头，平身科大斗呈圆形，上雕花瓣。前檐各间均置四扇六抹隔扇门。

山门与倒座戏台屋面呈勾连搭式，山门面阔三间，进深四椽，单檐悬山顶，后出单檐卷棚歇山抱厦，形成戏台。戏台两侧设砖砌八字影壁各一，壁心为方砖砌筑，其上篆书文字。戏台建于高台基之上，基下中部设券门，前台及两侧三面开敞，面阔一间，进深五椽。檐下斗栱为五踩双下昂，上承四架梁，梁上置驼峰、瓜柱隔承。斗栱、梁架构件均施彩画。钟鼓楼一

永康东岳庙航拍图

永康东岳庙戏台

永康东岳庙正殿

层为砖砌窑洞，二层面阔、进深各一间，四角攒尖顶。二层设砖砌花栏墙，雕饰图案精美。

庙内现存石碑 2 通，山门及戏台内梁架存清代彩画 38 平方米。

永康东岳庙院落布局完整，时代特征明显，建造工艺精细，是榆次区内保存下来的唯一一座供奉东岳大帝的神庙。

# 安禅寺

晋中市太谷区白塔区安禅寺巷

宋代至明代

古建筑

2006 年，被国务院公布为第六批全国重点文物保护单位。

安禅寺原名“南禅院”，据清光绪版《太谷县志》及藏经殿梁枋题记载，创建于唐大中十一年（857），宋咸平四年（1001）重建时改名“安禅寺”，元延祐三年（1316）、明嘉靖五年（1526）、清道光十二年（1832）多次修缮。安禅寺坐北朝南，一进院落布局，占地面积 209 平方米。中轴线现存过殿（藏经殿）、后殿，其余建筑均已不存。过殿为宋代遗构，后殿为明代遗构。

过殿（藏经殿）建在砖砌台基上，面阔三间，进深六椽，单檐歇山顶，黄、绿琉璃瓦方心。当心间较宽，次间较窄，仅为当心间的二分之一。檐下斗栱为四铺作单杪，蚂蚱形耍头。补间斗栱每间一朵，柱头卷杀明显。

后殿面阔三间，进深六椽，单檐悬山顶。梁架为七檩无廊式构架。斗栱为五踩单昂。建筑门窗装修已改。

安禅寺藏经殿是晋中市保存至今最为完整的宋代木结构建筑，是研究山西中部区域宋代木结构建筑地方制作手法之实物资料。

安禅寺过殿

安禅寺后殿

# 无边寺



位置 晋中市太谷区白塔区南寺街10号

时代 宋代至清代

类型 古建筑

2006年，被国务院公布为第六批全国重点文物保护单位。

无边寺俗名“南寺”，据清光绪版《太谷县志》记载，始建于西晋泰始八年（272），宋治平年间重修，更寺名为“普慈寺”；元祐五年（1090）续修，塔幢重修，顶有尊胜石幢，俗称“白塔”；后元、明、清各朝屡有修葺，清光绪三十二年（1906）改建，复名“无边寺”。

无边寺坐北朝南，三进院落布局，占地面积4486平方米。中轴线由南向北建有倒座戏台、献殿、白塔、过殿、正殿，两侧建有便门、碑廊、厢房、垂花门、藏经楼、配殿及耳殿。现存建筑唯白塔为宋代遗物，余皆为明清建筑。

白塔位于无边寺二进院，平面呈八边形，塔身七层，高43.6米，为楼阁式空心塔。一层南面辟砖券拱门，内设塔室，门外出二柱歇山顶抱厦，室内东、西、北三面均设佛龛，东侧有蹬道，可至上层，每层根据位置不同设有真假门窗。二层正北设有板门，上饰门钉42枚。二层以上均设塔檐及平座，并有砖雕仿木斗栱承托，斗栱为四铺作。每层翼角均设琉璃套兽，施铃铎。塔刹为八角攒尖式，上置束腰刹座，仰莲承托窣堵波式刹身。

无边寺殿、亭、楼、塔等构成一个完整的建筑群体，高低错落，主次分明。白塔亦是由唐塔中空到宋塔实心过渡形式的实物例证。

无边寺献殿

无边寺白塔

# 真圣寺

位置 晋中市太谷区范村镇蚍蜉村

时代 金代至清代

类型 古建筑

2006年，被国务院公布为第六批全国重点文物保护单位。

真圣寺创建年代不详，金正隆二年（1157）重建，明嘉靖年间补修，清道光二十二年（1842）修葺、扩建。真圣寺坐北朝南，一进院落布局，占地面积670平方米。中轴线存有南窑、正殿。正殿为金代遗构，南窑为清代建筑。

正殿面阔三间，进深五椽，单檐悬山顶。柱头斗栱为五铺作单杪单下昂计心造。梁架彻上露明造，结构为四椽栿对前乳栿通檐用三柱，乳栿前端与铺作相交出耍头，结构简洁规整，金代建筑特征明显。

南窑为砂石券筑，面阔七间，进深一间，中券入寺门洞，前设二柱抱厦。

寺内现存维修碑5通。

正殿整体建筑比例协调，梁架简洁，是晋中保存至今较完整的金代木结构建筑。

真圣寺大门

真圣寺南窑

真圣寺正殿

# 光化寺

位置：晋中市太谷区北洸乡白城村

时代：元代至清代

类型：古建筑

2006年，被国务院公布为第六批全国重点文物保护单位。

光化寺始建于唐贞观十三年（639），名“隆兴寺”；宋咸平二年（999）重修，改额“光化圣寺”；元泰定三年（1326）重修，明、清两代屡有修葺。

光化寺坐北朝南，二进院落布局，占地面积2402平方米。中轴线建有正殿、过殿，两侧仅存西配殿、东耳殿。现存建筑除过殿为元代遗构外，余皆为清代建筑。

过殿面阔五间，进深八椽，单檐歇山顶。梁架为九檩前廊式构架。斗栱为五铺作单杪单昂，里转双杪偷心造。寺内现存清碑1通。

光化寺过殿整体构架简洁大方，既反映了元代木结构惯用手法，又遗留有金代结构特征，是晋中市保存至今较完整的元代木结构建筑。

光化寺正殿

光化寺过殿

光化寺西配殿

# 曹家大院

位置 晋中市太谷区北洸乡北洸村

时代 明代至清代

类型 古建筑

2006年，被国务院公布为第六批全国重点文物保护单位。

曹家大院又称“三多堂”，始建于明末，清道光、咸丰、同治年间始成规模，坐北朝南，占地面积约10600平方米，建筑面积4000余平方米，现存40座文物建筑，均为明清建筑。

大院分外宅（含三处院落和两处偏院）和名为“多子”“多福”“多寿”的内三院，其中多子院和多寿院东侧均附属二进偏院。外宅与内三院之间有甬道，甬道尽端分设东门（吉利门）、西门（神祖阁）。整体建筑形成内外有别、长幼有序、相对私密、相互连通的传统秩序。曹家大院西面为花园，其余三面临街。临街房屋均为内向一面坡式，向内设窗。其中北面临街有高17米、长66米、宽8米的三座五开间三层大楼和两座三开间二层楼。大院四周均由房屋和墙体围护，呈封闭结构。

多子院位于内三院西部，多寿院位于内三院东部，均为二进院，带偏院，包括正门、一进院东厢房、一进院西厢房、过厅、二进院东厢房、二进院西厢房、正房、偏院正门、偏院一进院东房、偏院过厅、偏院二进院东房、偏院二进院正房。

多福院位于内三院中部，为二进院，无偏院，包括正门、一进院东厢房、一进院西厢房、过厅、二进院东厢房、二进院西厢房、二进院正房。

曹家大院作为典型的清代晋商宅院，以砖结构为主，是山西民居建筑的重要例证，为研究晋商发展史提供了丰富的实物资料。

曹家大院多寿院过厅

曹家大院外宅东偏院一进院甬道

曹家大院航拍图

曹家大院南门

# 净信寺

位置：晋中市太谷区阳邑乡阳邑村

时代：明代至清代

类型：古建筑

2006年，被国务院公布为第六批全国重点文物保护单位。

据寺内现存碑刻及脊刹题记载，净信寺创建于唐开元元年（713），金大定年间重修，明正德年间扩建，明嘉靖十七年（1538）修葺，明万历三十三年（1605）、四十四年（1616）增建，清道光四年（1824）再次增建和扩建。净信寺坐北朝南，二进院落布局，占地面积3627平方米。中轴线由南至北存有照壁、倒座戏台、掖门、毗卢殿、二进门、正殿，东西两侧存看廊、白衣殿、灰泉殿、钟楼、鼓楼、天王殿、月门、碑廊、二进院配殿、西侧照壁、耳房等。

正殿位于寺院中轴线北端，面阔五间，进深六椽，单檐悬山顶。梁架为七檩前廊式构架，梁间不设瓜柱，以驼峰隔承。三架梁之上立脊瓜柱，且施角背稳固，脊部施丁华抹颏栱稳固。前檐下斗栱为五踩双下昂计心造，里转双翘五踩计心，角科斗栱内外45° 出跳。正殿东西墙壁绘有诸天礼佛图，殿顶均饰华丽的琉璃构件，钟鼓楼檐下挂有明代琉璃匾。

寺内存有碑刻32通、明清彩塑76尊、明清壁画180平方米。

净信寺布局紧凑，充分展现出地方建筑做法、风格以及民间审美趣味，对研究山西佛教寺庙选址、布局、功能的变迁具有重要的参考价值。

净信寺一进院

净信寺正殿

# 新村妙觉寺

位置 晋中市太谷区阳邑乡新村

时代 明代至清代

类型 古建筑

2013 年，被国务院公布为第七批全国重点文物保护单位。

新村妙觉寺始建年代无考，清道光二十五年（1845）大修。妙觉寺坐北朝南，二进院落布局，占地面积约 1600 平方米。中轴线由南向北建有过殿（千佛殿）、正殿，两侧为东西配殿、东西耳房。过殿西侧为西院。现存建筑中正殿、过殿和东西配殿为明代遗构，西院建筑为清代所建。

正殿面阔三间，进深六椽，单檐悬山顶。梁架为七檩无廊式构架。檐下斗栱为七踩三昂。明间悬清道光二十五年（1845）匾额 1 方。

过殿及东西配殿均面阔三间，进深六椽，单檐悬山顶，三踩单昂斗栱。

西院位于过殿西侧，中间正房面阔三间，东、西耳房各一间，单檐硬山顶。

新村妙觉寺古建筑群的时代处于古建筑早晚相交之际，是研究和认知早晚期建筑风格差异的典型实例。

新村妙觉寺正殿

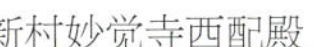

新村妙觉寺西配殿

新村妙觉寺正殿斗栱

# 范村圆智寺

位置：晋中市太谷区范村镇范村

时代：明代至清代

类型：古建筑

2013年，被国务院公布为第七批全国重点文物保护单位。

范村圆智寺创建年代不详，据寺内正殿题记及石碑载，金天会九年（1131）重修，明嘉靖二年（1523）、万历十六年（1588）、崇祯八年（1635）曾多次增修，清道光七年（1827）再次修葺。圆智寺坐北朝南，二进院带偏院布局，占地面积2472.3平方米。中轴线由南向北建有山门、过殿、正殿，两侧分布东西掖门、钟鼓楼、一进院东西配殿、东西琉璃影壁、二进院东西掖门及二进院东西配殿。其中山门、过殿、正殿、钟鼓楼、东西配殿等主要建筑均为明代遗构。

正殿建于1米高的台基上，前筑月台，面阔五间，进深八椽，单檐悬山顶，琉璃剪边，五踩双昂斗栱。明间平身科前出45°斜栱，次间平身科为溜金斗栱。过殿面阔三间，进深六椽，单檐歇山顶，琉璃剪边，五踩双下昂斗栱。

寺内现存明清维修碑9通，正殿、过殿共存壁画140平方米。

圆智寺院落格局清晰，建筑形制、风格统一，完整保留了同时期的建筑手法，为研究当地明代建筑提供了实物资料。

范村圆智寺正殿

范村圆智寺山门

# 白燕遗址



位置 晋中市太谷区小白乡白燕村

时代 新石器时代

类型 古文化遗址

1965年，被山西省人民委员会公布为第一批省级文物保护单位。

白燕遗址于1956年普查时被发现，总面积在35万平方米以上。1980—1981年，国家文物局、山西省考古研究所和吉林大学考古专业联合组成晋中考古队，对遗址进行了3次发掘，总揭露面积3000平方米。

该遗址文化堆积较厚，一般深1.5—4米，出土遗迹和遗物十分丰富，发现有房屋、墓葬、陶窑、灰坑等。遗物有生产工具、生活用具和其他一些装饰品等。其时代分为六期，第一、二、三期属新石器时代，后三期为夏商周时期。

白燕遗址构建了晋中仰韶晚期至西周时期编年体系，器物演变连续性强。第一期的文化面貌与南部的黄河流域有许多相似之处。第二期既是前一期的尾声，又结合庙底沟二期文化出现许多新的因素。第三期与北部的河套地区以及河北境内的壶流河流域有共同的文化因素。第四期为晋中夏时期土著遗存。第五、六期也具有较为强烈的地方特色。

该遗址的发现和研究使我们比较系统地了解到晋中地区较完整、连贯的文化发展序列，对研究邻近地区的文化编年有一定的参照作用。

白燕遗址全景

白燕遗址寨疙瘩图

# 迁善庄寨址

位置：晋中市太谷区侯城乡范家庄村东北约500米青龙寨山峁上

时代：清代

类型：古文化遗址

2021年，被山西省人民政府公布为第六批省级文物保护单位。

迁善庄寨址原由清代太谷北洸乡曹家为避暑、避乱所建，清咸丰年间始建，咸丰八年（1858）落成，光绪二十二年（1896）大修，光绪二十五年（1899）部分重修。

迁善庄也叫“青龙寨”，依山势而建，北、东、西三面为悬崖，南面较缓。寨址坐北朝南，东西长80米，南北宽62米，占地面积4960平方米。现存寨墙、寨门及石窑等建筑。寨墙石砌，保存较完整，墙高10—15米，底宽约1.5米，上宽0.8米。南部寨墙偏东用砂石券筑寨门，上书“迁善庄”。石窑由砂条石砌筑而成，部分建筑坍塌，现存券筑石窑5座，共33孔。寨址基本保留原有格局。

晋商的崛起，造就了一大批豪商大贾。衣锦还乡的富人们，起房盖屋不仅考虑光宗耀祖、防贼防盗、彰显儒雅，而且把苏、杭一带以及全国各地的造园思想、技术带回老家，筑起了一座座兼具南北风格，又有独特魅力的花园、别墅。与此同时，为了避暑或避乱，这些大户还在太谷山区建有山庄，迁善庄寨址就是代表作之一。

迁善庄寨址航拍图

迁善庄寨址全景

# 太谷鼓楼

位置：晋中市太谷区白塔区十字街

时代：明代

类型：古建筑

2004 年，被山西省人民政府公布为第四批省级文物保护单位。

太谷鼓楼又称“大观楼”，明万历四十三年（1615）重修，清代多次修葺。

鼓楼坐北朝南，占地面积 344 平方米，为二层三重檐歇山顶砖木结构楼阁式建筑，建于高 8 米的砖砌基座上。基座正中四向辟门洞，与十字街相通。楼基呈平面方形，边长 18.5 米，基上沿四面设砖砌花栏墙。楼身下层四面围廊，面阔五间，每面明间设板门，内为方形大厅，金柱直达顶层，东北角有木质阶梯可达上层。梁架彻上露明造，七檩无廊式构架。梁枋、斗栱及栱眼壁内均施彩画，内容有山水、福禄、文臣朝拜、出行狩猎和太公垂钓等。

鼓楼四周廊下存明、清维修及布施碑 7 通。

作为重要的公共建筑和城市地标，太谷鼓楼是晋汾地区鼓楼建筑中的代表作品。

太谷鼓楼二层三重檐歇山顶结构

太谷鼓楼内部梁架

太谷鼓楼

# 法安寺

太谷区

位置 晋中市太谷区水秀镇北郭村

时代 明代至民国

类型 古建筑

2016年，被山西省人民政府公布为第五批省级文物保护单位。

据清乾隆、光绪及民国版《太谷县志》记载，法安寺创建于元至大二年（1309）。据寺内碑刻记载，明嘉靖二十七年（1548）、清康熙年间及1919年曾予重修。法安寺坐北朝南，二进院带禅院布局，中轴线建有过殿、正殿，一进院两侧为钟鼓楼，二进院两侧为东西配殿、耳殿。禅院现存禅堂1座。现存过殿为明代建筑，耳殿为民国建筑，其余皆为清代建筑。

过殿面阔三间，进深六椽，单檐歇山顶，孔雀蓝琉璃方心，琉璃剪边。梁架为七檩前出廊式构架，五架梁对前后单步梁通檐用四柱，梁栿间施驼峰式垫墩。三架梁上施瓜柱、丁华抹颏栱、叉手承脊檩，瓜柱底部角背稳固；山面施用抹角梁。外檐斗栱柱头、平身科各一攒，形制相同，均为五踩重昂，斗栱栱瓣明显，栱端斜砍，柱头科耍头为单步梁伸出而制，刻为龙首；周檐柱头卷杀明显，且有侧脚。屋顶脊兽原为琉璃制，清代修缮时改为灰陶制。

正殿面阔五间，进深六椽，单檐硬山顶。斗栱为三踩单昂，昂首卷云形，两山墀头雕刻动物、花卉等。外檐柱额、斗栱及檩枋绘彩画。

寺内存明成化六年（1470）铁钟1口、清重修碑1通，过殿明间脊部随檩枋底部有1919年重修题记1则，正殿檐下斗栱、檩枋存清代彩绘30平方米。

法安寺院落布局较为完整，过殿主体构架虽为明代特征，但局部结构显现元代遗风，是研究这一地区早期建筑的重要实物例证。

法安寺航拍图

法安寺过殿

法安寺正殿

# 太谷文庙

位置：晋中市太谷区新建西路北侧太谷中学院内

时代：明代

类型：古建筑

2021 年，被山西省人民政府公布为第六批省级文物保护单位。

太谷文庙创建年代不详，据清光绪版《太谷县志》记载，宋崇宁三年（1104）及元大德五年（1301）、至元二年（1336）曾予修缮，大德七年（1303）因地震受损，明洪武三年（1370）至嘉靖二年（1523）陆续对其进行了多次维修。文庙坐北朝南，二进院落布局，占地面积 3425 平方米。中轴线仅存照壁、戟门、大成殿，两侧建筑不存。现存建筑为明代遗构。

大成殿建于高 0.8 米的砖砌台基上，面阔七间，进深八椽，重檐歇山顶，黄、绿琉璃瓦剪边，九檩四面环廊式建筑。上层檐下斗栱为五踩重翘，下层为三踩单翘，门窗装修已改。

戟门也叫大成门，面阔三间，进深四椽，单檐悬山顶。戟门正对面为一座仿木砖雕影壁。

太谷文庙格局规整，主体建筑大成殿为典型的明代建筑，是研究明代建筑工艺、做法的重要实物资料。

太谷文庙航拍图

太谷文庙大成殿角科斗栱

太谷文庙戟门

太谷文庙大成殿

# 范村东阁

位置：晋中市太谷区范村镇范村

时代：明代

类型：古建筑

2021年，被山西省人民政府公布为第六批省级文物保护单位。

据梁枋题记及碑文记载，范村东阁创建于明嘉靖二十年（1541），清代屡有修葺。现存建筑为明代风格。

范村东阁坐东朝西，占地面积246平方米，砖木结构二层三重檐楼阁式建筑，殿顶琉璃瓦剪边。东阁通高22米，建在高5.5米的砖砌台基上，中央辟拱券门洞，其上为二层木构楼阁。一层三间见方，平面呈方形，四周围廊，前檐明间设板门，次间为槛墙、直棂窗。二层面阔五间，进深六椽，挑出勾栏平座，外檐斗栱为三踩单翘或单昂，顶层斗栱为五踩重昂。各层间以木楼板相隔，四根通柱作为楼体骨骼，整体性极强。

一层后墙廊内存有清代石碑3通。

范村东阁格局完整，保存较好，是范村的标志性建筑，体现了当时古商镇的辉煌历史。

范村东阁

范村东阁一层檐下斗栱

范村东阁顶层藻井

# 北田受奶奶庙

位置 晋中市太谷区范村镇北田受村

时代 明代至清代

类型 古建筑

2021 年，被山西省人民政府公布为第六批省级文物保护单位。

北田受奶奶庙始建年代不详，坐南朝北，一进院布局，占地面积 412 平方米。中轴线仅存戏台、奶奶殿。奶奶殿为明代建筑，戏台为清代建筑。

奶奶殿面阔三间，进深四椽，单檐悬山顶。梁架为五檩前廊式构架。斗栱为三踩单昂，明间平身科出 45° 斜昂。前檐明间施板门，次间为槛墙、直棂窗。

戏台建于高 1.7 米的砖砌台基之上，明间台基辟过道，可通行。台身面阔三间，进深五椽，单檐卷棚悬山顶，六檩分心结构。台内设屏风，将其分为南、北两台。外檐斗栱为三踩单昂，耍头木雕龙首、象鼻。栱眼壁均施彩画。

与一般寺庙中的戏台形式不同，北田受奶奶庙戏台为鸳鸯式，结构巧妙，独到新颖。木雕的龙首、象鼻工艺精致，栱眼壁上的汉纹锦彩画色彩清雅，为研究太谷古代木雕、彩画提供了实物资料。

北田受奶奶庙奶奶殿

北田受奶奶庙奶奶殿檐下斗栱

# 胡村狐爷庙

太谷区

位置
晋中市太谷区胡村镇胡村

时代
明代

类型
古建筑

2021年，被山西省人民政府公布为第六批省级文物保护单位。

胡村狐爷庙创建年代不详，元、明、清三代均曾修葺。狐爷庙坐北朝南，一进院落布局，占地面积154平方米。现仅存正殿1座，为明代建筑。

正殿面阔三间，进深六椽，单檐硬山顶。梁架为七檩前廊式构架。前檐柱上施大檐额，其上承五踩重昂斗栱，批竹昂，蚂蚱形耍头。个别斗栱昂嘴较扁，有宋金斗栱特征。栱眼壁施彩绘。殿内存有壁画50平方米。

胡村狐爷庙正殿内梁架用材硕大，结构独特，斗栱卷杀明显，屋顶平缓，具有明代建筑特征。

胡村狐爷庙正殿

胡村狐爷庙正殿斗栱

# 中咸阳圣果寺

位置：晋中市太谷区北洸乡中咸阳村

时代：清代

类型：古建筑

2021 年，被山西省人民政府公布为第六批省级文物保护单位。

据碑刻记载，中咸阳圣果寺创建于北汉广运三年（976）至宋雍熙三年（986），清乾隆五十年（1785）、道光十年（1830）重修。寺院坐北朝南，二进院落布局，占地面积 1460 平方米。中轴线由南向北建有山门、石牌坊和正殿，两侧有钟鼓楼及东西厢房、配殿、碑廊。现存为清代遗构。

正殿建于高 0.6 米的石砌台基上，面阔三间，进深五椽，单檐硬山顶，六檩前廊式构架。前檐柱头科与平身科斗栱相同，外拽出一跳三踩单下昂重栱计心造，里拽出一跳三踩单翘重栱计心造，麻叶形耍头。前檐各间均施四扇六抹隔扇门。殿内两山墙及后墙存清代工笔重彩壁画 75 平方米。

石牌坊建在二进院高台之上，四柱三门，通身砂石质。山门为二层楼阁式，一层为一间砖窑，南端辟门，内置踏道，可进入寺院。二层面阔一间，进深一间，单檐硬山卷棚顶。

寺内现存清代维修碑 6 通、汉槐 1 株。

中咸阳圣果寺山门全景

中咸阳圣果寺正殿

中咸阳圣果寺石牌坊

# 李顺庭宅院

位置　晋中市太谷区北洸乡果树所社区居委会

时代　清代至民国

类型　古建筑

2021 年，被山西省人民政府公布为第六批省级文物保护单位。

李顺庭宅院又称“纯一堂”，建于清末，院主李顺庭曾是清末民初著名商号大盛魁的末代掌柜。

李顺庭宅院坐北朝南，由五座并列四合院组成，占地面积 4078 平方米。各院形制相同，中轴线建院门和正房，两侧建厢房，前为长方形庭院，共有房屋 120 间，多面阔五间，进深一间，鼓镜式柱础，缓坡平屋顶。前院建南房 20 间，东第二间为拱形大门。四院北部都有门相通，可供行人出入。整个院落，四周院墙围护，形成一个统一整体，院后建有花园。院内所有的前檐墀头砖雕，都刻有佳言、警语。祠堂位于甬道西侧，坐西向东，面阔三间，进深一间，硬山卷棚顶。

李顺庭宅院布局精巧，紧凑严密，整齐统一，相互贯通，是典型的北方四合院民居建筑群的代表。

李顺庭宅院航拍图

李顺庭宅院二号院东厢房

李顺庭宅院四号院正房

# 福祥寺

位置 晋中市榆社县河峪乡岩良村

时代 金代至清代

类型 古建筑

2006年，被国务院公布为第六批全国重点文物保护单位。

据碑刻记载，福祥寺始建于五代后晋开运三年（946），金大定时重修，清同治八年（1869）修葺。福祥寺坐北朝南，一进院落布局，占地面积1119平方米。中轴线仅存正殿、南殿。正殿为金代遗构，南殿为明代建筑。

正殿前设月台，面阔五间，进深六椽，单檐悬山顶。梁架为四椽栿对前后乳栿通檐用四柱。殿内柱网为减柱造，前槽减去明间金柱两根，后槽减去东西次间金柱各一根。前檐柱头斗栱为五铺作，计心造，单杪单下昂，昂形耍头；补间铺作外转形制与柱头铺作基本相同，不同之处是昂改为真昂造，其后尾制成杪头，并施散斗，托承挑斡。后檐仅施柱头铺作，无补间铺作。柱头上施额枋，无普拍枋。柱头铺作为把头绞项造。前檐檐柱间施板门、槛窗。

南殿即天王殿，面阔三间，进深四椽，单檐悬山顶。前后檐用条石砌成台明，两山墙直接由地坪上砌筑（墙脚仅设土衬石一层，没有台明）。梁架为前四架梁对后单步梁通檐用三柱。前后檐柱头斫出砍刹，殿内金柱柱头微有卷杀。前、后檐柱的柱头各施小额枋、平板枋一道，平板枋上布列斗栱，承托梁架。斗栱为五踩重昂。

正殿内现存元代壁画78.5平方米、前槽内额底皮题记1处、清代重修碑2通，出土石造像69件、后晋开运三年（946）经幢1通。

福祥寺正殿的梁架为彻上露明造，用材硕大，举折平缓，出檐深远，保留了金代建筑风格，具有较高的历史价值。

福祥寺航拍图

福祥寺南殿

福祥寺正殿

福祥寺南殿

# 崇圣寺

位置：晋中市榆社县河峪乡西河底村上赤峪自然村

时代：元代至清代

类型：古建筑

2006年，被国务院公布为第六批全国重点文物保护单位。

崇圣寺初名“崇严寺”，始建于唐代，宋嘉祐年间改称“崇圣寺”，金大定十五年（1175）至二十六年（1186）重建，元至正九年（1349）及清康熙、乾隆、嘉庆年间和1929年屡有修葺。崇圣寺坐北朝南，建筑面积1700多平方米，分上、下两院和墓区3部分。上院建筑包括：释迦佛大殿、南殿、东罗汉殿、东护法殿、东碑廊、东掖门、西掖门、西护法殿、西罗汉殿、西禅房；下院建筑包括：山门、方丈室和法堂。山门西南约40米处为墓区，现存2座元代石塔和1座明代砖塔。

释迦佛大殿创建于唐代，现存为元代遗构，面阔三间，进深六椽，单檐歇山顶。梁架为四椽栿对前后劄牵通檐用五柱，前出廊。室内采用减柱造。斗栱为五铺作单杪单下昂，总计24朵。明、次间均设四扇六抹隔扇。

南殿建于上院与下院之间的台基之上，台基正中部券砌通往上院的券洞，后端已被封堵，西侧台阶下砌券洞3孔，东侧台阶下砌券洞2孔。南殿坐南朝北，为清代遗构，面阔三间，进深六椽，单檐悬山顶，前后出廊。殿内梁架为五架梁对前后单步梁通檐用四柱。前檐斗栱为三踩出单昂，后檐斗栱为一斗二升，共计14攒。前檐明间设四扇六抹隔扇，两次间置直棂窗。室内后墙上现存12幅条屏扇壁画。寺内现存历代重修碑15通、题记8处。

崇圣寺在规划、设计、建造和装饰手法上呈现出各个历史时期层累的多元风貌，体现了佛教寺院建筑的复杂演变过程。

崇圣寺山门

崇圣寺正殿

崇圣寺南殿

# 石塔

晋中市榆社县河峪乡窑圪坨村杨家沟自然村

北齐

古建筑

1986 年，被山西省人民政府公布为第二批省级文物保护单位。

据题记记载，石塔凿于北齐天统三年（567），方形四层楼阁式，通高 3.53 米，由整块麦矾石凿成。每层四面雕龛，龛内雕有佛、菩萨、弟子像数尊。石塔四周有巨石 3 块，西北一块高 2 米，长 2.5 米，一侧刻有“僧皇”二字，一侧刻有“大齐天统三年四月州日立”等。

石塔是研究北齐雕刻和佛教艺术的珍贵实物资料。

石塔

石塔局部

# 郝北寿圣寺

位置：晋中市榆社县郝北镇郝北村

时代：宋代、明代至清代

类型：古建筑

2021 年，被山西省人民政府公布为第六批省级文物保护单位。

据碑刻记载，郝北寿圣寺于宋熙宁元年（1068）已存在，明正德十年（1515）及清康熙、乾隆、宣统年间屡有修葺。寺院坐北朝南，二进院落布局，占地面积 699.2 平方米。中轴线由南向北存有山门（天王殿）、过殿、澄真和尚灵塔，西侧有西配殿（关帝殿）及龙王殿。现存山门为宋代遗构，澄真和尚灵塔与西配殿（关帝殿）为明代建筑，其余均为清代建筑。

山门面阔三间，进深四椽，单檐悬山顶，减柱造，前檐出廊。梁架结构为三椽栿前对劄牵用三柱。檐柱卷杀明显，平梁卷杀圆和，用材规整，其上立蜀柱、驼峰、叉手。檐下柱头、补间斗栱均为四铺作。前檐当心间设板门，次间为直棂窗；后檐仅当心间置板门。

澄真和尚灵塔位于过殿东侧，五层六角密檐式砖塔，通高 6.5 米。塔基为束腰须弥式，平面呈六边形，高 0.8 米，边宽 1.6 米，束腰部雕有牡丹、莲花等图案。塔身五层实体，自下而上逐级收分，每层均设叠涩塔檐，檐下设砖砌仿木构三踩单昂斗栱。六角攒尖顶，上置琉璃宝珠塔刹。西配殿面阔三间，进深四椽，单檐悬山顶，前廊式，廊下斗栱为一斗三升。梁架结构为三架梁对前后单步梁通檐用三柱。前檐明间设板门，次间直棂窗。寺内现存明清石碑 4 通。

郝北寿圣寺航拍图

郝北寿圣寺关帝殿

郝北寿圣寺澄真和尚灵塔

郝北寿圣寺是保存较为完整的集宋、明、清建筑技法于一体的寺院，蕴含丰富的历史文化信息，是研究建筑结构发展的宝贵实例。

# 下赤峪资福寺

位置：晋中市榆社县河峪乡下赤峪村

时代：元代、清代至民国

类型：古建筑

2021年，被山西省人民政府公布为第六批省级文物保护单位。

下赤峪资福寺创建年代不详，据大雄宝殿梁架题记载，元至正十年（1350）重修，清康熙五十八年（1719）、民国初年曾予修葺。资福寺坐北朝南，一进院落布局，占地面积1006平方米。中轴线由北向南依次为大雄宝殿、南殿，两侧为东西配殿、东西厢房。现存建筑大雄宝殿为元代遗构，南殿、东西配殿及东厢房为清代建筑，西厢房为民国时期建筑。

大雄宝殿面阔三间，进深六椽，单檐悬山顶，前檐踩飞。梁架结构为五椽栿对前乳栿通檐用四柱。南殿面阔三间，进深五椽，单檐悬山顶，前檐踩飞。梁架结构为五架梁对前单步梁通檐用四柱。东西配殿面阔一间，进深五椽，单檐悬山顶，前檐踩飞。梁架结构为五架梁对前单步梁通檐用三柱。

寺内现存清代石碑1通、清代壁画15.6平方米。

寺院各建筑保存完整，元代、清代建筑特征明显，历代干扰较少，为研究晋中榆社地区元、清时期砖木结构建筑营造技术提供了确切资料。

下赤峪资福寺航拍图

下赤峪资福寺大雄宝殿

# 连家庄文峰塔

位置：晋中市榆社县箕城镇连家庄村

时代：清代

类型：古建筑

2021 年，被山西省人民政府公布为第六批省级文物保护单位。

据碑刻载，连家庄文峰塔建于清雍正三年（1725），初期曰“文风塔”，其后讹名“文峰塔”。

连家庄文峰塔为十三层八边形楼阁式砖塔，由塔身、塔刹两部分组成。塔身平面呈八边形，中空，底层直径约 3 米。一、二层有砖砌月梯及回廊，可拾级而上；三层以上置木梯，以供攀登。塔体外面每层均设仿木结构砖雕出檐、斗栱，斗栱为五踩双翘；每层隔面开砌拱券洞门；洞门之上有砖雕塔匾，上书“文曜高悬”“攀瞻天柱”等，图案十分精致；塔顶置宝瓶，角隅悬风铃。

塔前存有清创建碑 2 通，塔内嵌清石碣 4 方。

文峰塔是研究榆社历史及建筑的重要例证。

连家庄文峰塔航拍图

# 庙岭山石窟

榆社县

位置 晋中市榆社县云竹镇昌家沟村庙岭自然村

时代 北朝至唐代

类型 石窟寺及石刻

1965年，被山西省人民委员会公布为第一批省级文物保护单位。

庙岭山石窟原属响堂寺，北朝时期至唐代均有开凿，后壁现存石窟2窟、造像1尊。

两窟平面均为方形，盝顶，窟门为圆拱形。2号窟内无任何雕饰。1号窟宽2.73米，进深2.73米，高2.24米，圆拱形窟门上为尖拱门楣，窟侧西壁坛基、南壁、北壁大龛内均雕有一佛，或结跏趺坐，或跣足而立。西、南、北三壁及前壁空白处雕千佛小龛，龛作圆拱形，内均雕1尊佛。窟顶正中雕莲花，为七瓣宝装式，四披有明清时期彩绘图案。

在窟西北有摩崖造像一尊，佛像高2.6米，衣纹突起，结跏趺坐于莲台之上，舟形背光外缘为火焰纹，内匝为七佛二飞天，应为唐高宗时期作品。

庙岭山石窟窟口

庙岭山石窟 1 号窟南壁

# 邓峪石塔造像

位置 晋中市榆社县郝北镇邓峪村

时代 唐代

类型 石窟寺及石刻

1965年，被山西省人民委员会公布为第一批省级文物保护单位。

据题记载，邓峪石塔造像雕凿于唐开元八年（720），通高3.2米，由底座、塔身、塔刹三部分组成。

石塔底座为二层，下层为圆形覆盆式，边沿雕覆莲，刻有“大唐开元八年岁次庚申三月寅朔十五日戊辰云骑尉耿立”字样；上层为八边形束腰须弥式，束腰处设石柱间隔，每面均雕力士像。塔身呈方形，四角雕异形倚柱，正面两柱上飞龙盘绕。石塔四面均开龛，龛内各雕佛像一尊，或结跏趺坐，或倚坐于莲台上，佛上部雕有飞天，侧有力士。塔刹原为八角攒尖顶，上设方形抹八角刹座，每面雕佛或护法金刚像，已佚，现塔刹为复制品。

邓峪石塔造像是唐代佛教石刻艺术的代表作。

邓峪石塔造像

# 南村造像

位置：晋中市榆社县云竹镇南村

时代：唐代

类型：石窟寺及石刻

1965 年，被山西省人民委员会公布为第一批省级文物保护单位 。

南村造像所在寺庙建于唐代，毁于抗日战争时期，存留石雕佛两尊，现坐佛陈列于榆社县博物馆石刻造像展厅，站佛已被盗。坐佛手残，现高 1.77 米。站佛高约 4 米，头饰螺髻，面相丰润，双耳垂肩，神态端庄，外披通肩袈裟，衣纹细密流畅，胸肩袒露，双手已残。

石佛雕刻精细，纹理逼真，栩栩如生，唐风犹存，对研究这一地区的佛教艺术具有重要参考作用。

南村造像坐佛正面

# 左权文庙大成殿

位置：晋中市左权县辽阳镇南街村

时代：元代

类型：古建筑

2006年，被国务院公布为第六批全国重点文物保护单位。

左权文庙大成殿创建年代不详，据碑刻记载，元大德元年（1297）重修，明清时期均进行过修葺。文庙坐北朝南，二进院落布局。中轴线由南向北依次建有棂星门、泮池、大成门、大成殿，两侧为东西厢房、掖门。

大成殿为元代建筑，面阔七间，进深八椽，重檐歇山顶。梁架为四椽栿接后乳栿对前后劄牵通檐用五柱，四周围廊。下檐斗栱一斗二升，上檐斗栱为四铺作单杪，蚂蚱形耍头。殿内采用减柱造，减去前槽金柱四根。梁架使用自然圆木，稍加砍削即用。柱础青石覆盆式、宝花莲瓣式和鼓式皆有，雕工精细，图案清晰。整座大殿元代特征显著。

庙内另存元代残碑、造像碑各1通。

左权文庙大成殿建筑气势恢宏，做工精细，用材硕大，为研究晋中地区元代建筑提供了实物例证。

左权文庙大成殿正面

左权文庙大成殿斗栱

# 苇则寿圣寺

位置　晋中市左权县桐峪镇苇则村

时代　元代

类型　古建筑

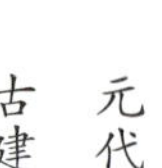

2013 年，被国务院公布为第七批全国重点文物保护单位。

苇则寿圣寺创建年代不详，坐北朝南，一进院落布局。中轴线上由南向北依次为南殿、正殿，两侧为钟楼及东配殿。

正殿为元代建筑，面阔五间，进深六椽，单檐悬山顶。梁架为六椽栿通檐用二柱。前檐斗栱为四铺作单下昂，补间铺作均施一朵，柱头卷杀显著。

南殿面阔五间，进深五椽，单檐悬山顶。钟楼为二层楼阁式建筑，面阔一间，进深三椽，单檐卷棚顶。东配殿面阔六间，进深五椽，悬山顶。

苇则寿圣寺格局基本完整，主体建筑结构简洁，用材粗大，举折平缓，是研究当地早期建筑特征和发展演变规律的重要实物资料。

苇则寿圣寺正殿

苇则寿圣寺正殿补间铺作

# 寺坪普照寺大殿

位置 晋中市左权县拐儿镇寺坪村

时代 元代

类型 古建筑

2013年，被国务院公布为第七批全国重点文物保护单位。

寺坪普照寺大殿始建于后晋天福三年（938），明成化十五年（1479）、正德八年（1513）、崇祯三年（1630）及清顺治十八年（1661）多次维修。现仅存大殿，坐北朝南，占地面积376平方米，为元代遗构。

大殿面阔七间，进深六椽，单檐歇山顶，绿琉璃方心、剪边，黄、绿琉璃脊饰。梁架明间为六椽栿通达前后檐，次间、梢间为五椽栿对后劄牵通檐用三柱，平梁正中蜀柱两侧用大叉手固定，襻间均施斗栱。柱头卷杀显著，上施普拍枋，承栌斗。柱头铺作为五铺作双下昂，重栱计心造，令栱为翼形栱，补间铺作均为一朵。殿旁存有明清维修碑4通。

寺坪普照寺大殿规模较大，保存完好，梁架举折平缓，用材粗大，多为自然材，是研究当地早期建筑特征和发展演变规律的重要实物资料。

寺坪普照寺人殿

寺坪普照寺大殿梁架

# 粟城寿圣寺

位置 晋中市左权县桐峪镇粟城村

时代 明代

类型 古建筑

2021 年，被山西省人民政府公布为第六批省级文物保护单位。

粟城寿圣寺创建年代不详，现存文物建筑为明代遗构。寿圣寺坐北朝南，一进院落布局，占地面积 843 平方米。中轴线由南向北依次为南殿、正殿，两侧为东西配殿，南殿两侧建有钟鼓楼。现存正殿为明代建筑，其余建筑均为近年复建。

正殿位于寺院最北端，建于高 0.8 米的砖石砌台基之上。台基南立面为石砌束腰须弥座，其余立面为条砖砌筑。须弥座分成上、中、下三部分，上、下均为青石砌筑，表面錾纹。中部束腰为青石质陡板砌筑，陡板间施金刚柱分隔，共计陡板 11 块、金刚柱 10 根。正殿面阔五间，进深六椽，单檐悬山顶。梁架为五架梁对后双步梁构架通檐用三柱，前檐柱头斗栱为五踩双昂。殿内现有明代彩绘。

粟城寿圣寺正殿殿身比例和谐，屋面举折平缓，出檐深远，梁架跨度较大，截面近方形，构件制作手法古朴，结构严谨，工艺纯熟。虽为明代遗构，但柱头、台明、素式覆盆柱础等仍有元代遗风，是研究晋中地区佛寺建筑演变的实物例证。

粟城寿圣寺航拍图

# 懿济圣母庙

位置 晋中市和顺县平松乡合山村

时代 元代至清代

类型 古建筑

2006年，被国务院公布为第六批全国重点文物保护单位。

懿济圣母庙始建于宋代，元代元统二年（1334）重建，元后至元五年（1339）、明嘉靖十六年（1537）、清顺治三年（1646）均有修葺。圣母庙坐北朝南，分上下两院，中轴线由南向北建有牌坊、山门、戏台、献殿和圣母殿，下院戏楼两侧有钟鼓楼、灵官庙、东西禅院、廊房，上院两侧有东西配殿、痘疹殿、眼光殿，东南角有显泽侯神祠。现存建筑中唯圣母殿为元代建筑，其余为明清建筑。

圣母殿面阔、进深各三间，平面呈方形，单檐歇山顶。梁架结构为六椽栿对后乳栿用三柱。斗栱为四铺作计心造，单杪单下昂。

显泽侯神祠与圣母庙毗邻，俗称“大王庙”，创建年代不详，坐南朝北，依山而建，为四合小院，占地面积约400平方米。大殿面阔三间，进深三间，单檐歇山顶。祠前一眼泉水，名曰“合山奇泉”，古为和顺十景之一。庙内存元重建碑1通、明重修碑2通、清代及民国重修碑8通。

圣母殿元代特征明显，梁架风格独特，为研究我国早期建筑提供了丰富的实物资料。

懿济圣母庙献殿

懿济圣母庙戏台

懿济圣母庙远景

# 荣华寺

位置：晋中市和顺县喂马乡东喂马村

时代：元代至清代

类型：古建筑

1996年，被山西省人民政府公布为第三批省级文物保护单位。

荣华寺创建年代不详，据寺内碑文载，宋元祐八年（1093）已有寺院，明嘉靖四十一年（1562）、清乾隆三十四年（1769）重修。寺坐北朝南，四合院布局，占地面积700平方米。中轴线上自南而北建有山门、正殿，两侧建有钟鼓楼、东西配殿。

正殿于明嘉靖四十一年（1562）重建，石砌台基高0.65米，面阔三间，进深六椽，单檐悬山顶。殿内梁架为六椽栿通达前后檐，檐下柱头、补间斗栱各一朵，柱头斗栱为五铺作双下昂出45°斜昂。

殿内有3尊石佛，砂石质，呈一字形排列，头有肉髻，身着袈裟，跣足立于莲台之上，经有关专家鉴定，为北魏造像。寺内还保存明代碑、碣各1通，清代残碑10通。

荣华寺布局合理，是一处保存较为完整的元代至清代古建筑群，是研究工艺演变及各代审美艺术变化的珍贵实例。

荣华寺山门

荣华寺正殿

# 石牌坊

位置：晋中市和顺县义兴镇北关村

时代：明代

类型：古建筑

1996年，被山西省人民政府公布为第三批省级文物保护单位。

据坊匾题记载，石牌坊建于明崇祯四年（1631），清代维修。

石牌坊坐北朝南，由88块巨石建成。主坊通高9.57米，面阔8.5米，重檐歇山顶，由4根霸王柱支撑。中间两柱高5.9米，旁边两柱高4.6米。每根柱前后各护有2块戗石。每块戗石上雕1只大狮，2只小狮，共24只。石柱前后两面刻茶花、牡丹花纹。石柱之间的梁枋，明间用镂刻麒麟圆环图案连接。明间梁枋长3.3米，刻“中宪大夫昌平兵备道山东按察司副使药济众”19字，上款“巡按山西监察御史门生刘弘光”，落款“山西辽州和顺知县路从中、典使陈应奎、儒学教谕赵志弘，崇祯四年岁次辛未孟冬吉日建”。上层横坊刻《十八学士登瀛洲图》。再上是石匾，刻“陵京锁钥”四个大字。明间檐下置一竖匾，上刻“恩荣”二字，两边刻《双凤朝阳图》。顶部出檐，刻斗式庑殿顶。次间下檐正脊置雕花立柱，承接上檐。

石牌坊是一处保存完好的明代牌坊类建筑，展现出精美的空间构造艺术和高超的石雕技艺，是研究明代牌坊建筑的重要实物资料，具有较高的历史和艺术价值。

石牌坊

# 大佛头香山寺

位置：晋中市和顺县喂马乡大佛头村

时代：明代至清代

类型：古建筑

2021年，被山西省人民政府公布为第六批省级文物保护单位。

据碑文记载，大佛头香山寺创建于北宋熙宁三年（1070），明嘉靖五年（1526）、清乾隆五年（1740）及道光四年（1824）、1920年、1924年均进行过修葺。寺坐北朝南，一进院落布局，占地面积1610平方米。中轴线由南向北依次为山门、南殿、正殿，两侧为钟鼓楼及配殿。现存正殿为明代建筑，其余为清代建筑。

正殿建于石砌台基之上，面阔五间，进深六椽，单檐悬山顶，七檩无廊式构架，檐下斗栱为三踩单昂。南殿面阔三间，进深四椽，单檐悬山顶。东西配殿均面阔四间，进深四椽，单檐硬山顶。钟鼓楼为二层单檐歇山顶砖木结构，一层为入口掖门。寺内有明、清、民国时期重修碑7通。

大佛头香山寺现存建筑保留了传统寺院建筑的基本布局，左右对称，轴线清晰，建筑体量与空间恰当，是研究明清时期古建筑的重要实物资料。

大佛头香山寺全景

大佛头香山寺正殿

# 邢村昭懿圣母庙

位置：晋中市和顺县义兴镇邢村

时代：清代

类型：古建筑

2021年，被山西省人民政府公布为第六批省级文物保护单位。

据碑文记载，邢村昭懿圣母庙创建于元至元三十年（1293），清乾隆五十九年（1794）、道光二年（1822）、道光二十三年（1843）、同治八年（1869）及1918年均进行过修葺。圣母庙坐北朝南，为上下两院布局，占地面积868平方米。中轴线由南向北依次为戏台、正殿，两侧为配殿、钟鼓楼及厢房。现存为清代建筑。

正殿建于石砌台基之上，面阔三间，进深五椽，单檐硬山顶，六檩前出廊式构架，檐下斗栱为一斗二升交麻叶。戏台建于条石台基之上，前檐面阔五间，进深五椽，单檐歇山顶，六檩无廊式构架。

东、西配殿面阔三间，进深五椽，单檐悬山顶。钟鼓楼一层为墩台，设券洞，供通行，二层为攒尖顶的四角亭。东西厢房面阔三间，进深五椽，单檐悬山顶。庙内存元代、清代、民国重修碑6通。

邢村昭懿圣母庙布局严谨，形制规整，装饰、装修等反映了当地明清时期的建筑特点，具有较高的历史价值。

邢村昭懿圣母庙鸟瞰

邢村昭懿圣母庙正殿

邢村昭懿圣母庙戏台

# 昔阳崇教寺

位置：晋中市昔阳县县城红旗一条街北

时代：元代

类型：古建筑

2006年，被国务院公布为第六批全国重点文物保护单位。

昔阳崇教寺创建于宋熙宁二年（1069），元、明、清各代屡有修缮。崇教寺坐北朝南，一进院落布局，占地面积550平方米。中轴线上由南向北建有前殿、后殿，东西两侧为配殿。现存建筑均为元代遗构。

前殿和后殿均面阔五间，进深六椽。梁架结构为四椽栿对前后劄牵通檐用四柱。柱头斗栱为五铺作，重栱计心造，单杪单下昂，耍头作昂式，昂为琴面昂。前檐明、次间均为四扇六抹隔扇门。

左右配殿面阔三间，斗栱为五铺作，彻上露明造，屋顶均盖青色瓦。

崇教寺内建筑形制、布局较为特殊，在山西佛教庙院建筑中较为少见，为研究佛教艺术、古代建筑等提供了丰富的实物资料，具有较高的研究价值。

昔阳崇教寺前殿

昔阳崇教寺全景

昔阳崇教寺前殿梁架结构

# 昔阳离相寺

位置：晋中市昔阳县赵壁乡川口村

时代：宋代至清代

类型：古建筑

2019年，被国务院公布为第八批全国重点文物保护单位。

昔阳离相寺创建年代不详，据寺内碑刻载，明正统、万历，清康熙、乾隆、嘉庆、道光、光绪和民国均有修葺。离相寺坐北朝南，一进院落布局，占地面积560平方米。中轴线由南向北有天王殿、正殿，两侧东西配殿、钟鼓楼均为近年新建。

正殿为宋代遗构，石砌台基，面阔三间，进深六椽，单檐歇山顶。屋顶举折平缓，出檐深远。前檐当心间宽敞，两次间略窄。梁架为六椽栿通达前后檐，通檐用两柱；六椽栿上施驼峰，承四椽栿；四椽栿上施驼峰，承平梁；平梁正中施蜀柱、大叉手、大斗、丁华抹颏栱，承脊槫；平梁及四椽栿两端均设托脚。梁架制作规整，平梁、四椽栿、六椽栿梁端隐刻月梁。檐柱生起、柱头卷杀显著。柱间设阑额、普拍枋，阑额不出头，普拍枋上除当心间设补间铺作一朵外（为明清修缮时添加），余仅设柱头铺作一朵，形制为四铺作单杪。栌斗斗凼较深，栱头均设栱瓣，耍头为卷云形（为明清修缮时更换）或昂形。两山面柱头、补间铺作后尾为五铺作偷心造，柱头铺作耍头后尾与大角梁后尾伸至六椽栿之上，大角梁上设驼峰、大斗，承山面太平梁，补间铺作耍头后尾承太平梁枋。前檐装修为民国时改制。

天王殿为清代建筑，面阔三间，进深四椽，单檐硬山顶。

大殿内现存清顺治十七年（1660）、乾隆二十年（1755）、嘉庆二十年（1815）、道光十四年（1834）及1925年重修碑各1通。院内存残幢2座。

离相寺正殿殿身比例和谐，手法古朴，屋面曲线刚劲有力，结构严谨，工艺纯熟，为研究元以前木构建筑的结构形制提供了实物资料，是晋中区域为数较少的宋代建筑。

昔阳离相寺正殿

昔阳离相寺天王殿

# 石马寺石窟

位置：晋中市昔阳县大寨镇石马村

时代：南北朝至唐代

类型：石窟寺及石刻

2013 年，被国务院公布为第七批全国重点文物保护单位。

石马寺石窟东依石马山，西临石马河，由石窟和摩崖造像组成，始凿于北魏永熙三年（534），隋唐仍有镌刻。

石窟现存 3 座，造像总数 1300 余尊，分布于 3 块巨石的 7 块崖面上。崖面最高处 7 米，总长 70 余米。造像大多为北魏镌造，少数为北齐、隋唐所雕。造像有佛像、菩萨、力十、胁侍、供养人等。佛像肉髻磨光，褒衣博带。菩萨头戴高冠，帔帛垂肩。

石马寺石窟保存基本完好，较好地保持了历史原貌，雕像比例适度，雕刻工艺精湛，题材丰富，突出反映了中国造像艺术，是一批富有历史和艺术价值的佳作。

石马寺全景

石马寺石窟龙洞

石马寺石窟立佛

# 福严寺

位置 晋中市昔阳县大寨镇黄岩村

时代 元代、清代

类型 古建筑

2016 年，被山西省人民政府公布为第五批省级文物保护单位。

福严寺创建于元至正五年（1345），清顺治十四年（1657）、咸丰九年（1859）、同治二年（1863）屡有修葺。寺坐北面南，一进院落布局，原有大殿、南殿、戏台、钟鼓楼、东西配殿、东西配房、东西廊庑等建筑，现仅存大殿、钟鼓楼、东西配殿、东配房、东廊庑。大殿为元代遗构，其余均为清代建筑。

大殿平面近方形，面阔三间，进深六椽，单檐悬山顶。梁架结构为四椽栿对前后劄牵通檐用四柱，柱头卷杀圆和。前檐斗栱共计 7 朵，均为六铺作单杪双下昂；补间铺作采用斜栱，平面呈米字形；横栱采用鸳鸯交首栱，栱端斜砍，栱瓣明显。直棂窗。整座大殿屋面举折平缓，出檐较远，斗栱用材较大，梁架系自然弯材砍削而成，元代建筑特征明显。

寺内另存福严寺重修碑 3 通、残经幢 1 座。

福严寺大殿梁架结构体系、襻间节点构造、铺作材等大小均体现出显著的元代特征，特别是前檐补间的六铺作斗栱，采用米字形斜栱与鸳鸯交首栱做法，使力学功用和艺术形式巧妙结合，是研究晋中地区元代山寺建筑的宝贵实例。

福严寺院内环境

福严寺大殿

# 昔阳东岳庙大殿

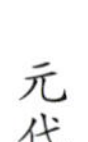

位置：晋中市昔阳县城区社区西大街社区

时代：元代

类型：古建筑

2021年，被山西省人民政府公布为第六批省级文物保护单位。

昔阳东岳庙创建年代不详，据碑文记载，清康熙、道光、咸丰年间均有修葺。东岳庙坐北朝南，四进院落布局，占地面积4720平方米。中轴线由南而北建有前殿、大殿、阎王殿、碑亭、子孙殿、菩萨殿，两侧分布大王殿、观音殿、配殿、耳房等建筑。

大殿为元代遗构，面阔三间，进深七椽，单檐悬山顶。梁架结构为四椽栿对前后劄牵通檐用四柱。前檐置7朵斗栱，均为六铺作单杪双昂结构；前檐3朵米字补间铺作，里外拽令栱均为鸳鸯交首斜栱，在交首处不设散斗，仅在两端设散斗，简化了铺作构件。

大殿平面布局、斗栱柱高比、梁架形制、梁架举折比均符合元代建筑形制，时代特征鲜明，为研究该区域元代木构建筑的结构、形制、工艺提供了实物资料。

昔阳东岳庙大殿全景

昔阳东岳庙大殿

昔阳东岳庙大殿前檐斗栱

# 北界都梵乘寺

昔阳县

位置　晋中市昔阳县界都乡北界都村

时代　明代至清代

类型　古建筑

2021 年，被山西省人民政府公布为第六批省级文物保护单位。

北界都梵乘寺创建年代不详，据寺内碑刻载，金皇统及正隆、元天历、明嘉靖、清康熙年间均有修葺。梵乘寺坐北朝南，二进院落布局，占地面积 1089 平方米。中轴线由南向北依次为山门、天王殿、梵王殿、大佛殿。一进院中轴线两侧建有钟鼓楼、东西配殿；二进院东面由南至北为文昌财神殿、观音殿、二郎殿，西面由南至北为药王殿、地藏殿、伽蓝殿。两院之间还建有若干座便门。现存大殿为明代建筑，其余为清代建筑。

大佛殿面阔三间，进深六椽，单檐硬山顶。梁架结构为五架梁对前后单步梁通檐用四柱，前檐柱柱顶设斜抹。瓜柱间以襻间枋连构，襻间枋与随檩枋间设垫墩。檐下施七攒五踩双昂斗栱。梵王殿位于大佛殿之南，面阔三间，进深六椽，单檐悬山顶。梁架结构为五架梁对前后单步梁；前檐金柱明间设板门，两次间设直棂窗，后檐明间设板门。天王殿位于梵王殿之南，面阔三间，进深六椽，单檐硬山顶。梁架结构为五架梁对前后单步梁，通檐用四柱。前檐金柱明间置板门，两次间设圆窗；后檐明间设板门。

寺内另存金、元、明、清碑刻 5 通，明代壁画 40.88 平方米，明代彩画 7.8 平方米。

北界都梵乘寺建筑保存完整，维修历史脉络清晰，为研究梵乘寺的发展演变提供了重要信息，具有较高的历史价值。此外，砖木材料选择、墙体砌筑手法、装饰构件雕刻等方面具有浓郁的民间特色，体现出民间对佛教文化的独特理解与灵活运用。

北界都梵乘寺大佛殿

北界都梵乘寺天王殿

# 卧佛寺



位置 晋中市昔阳县孔氏乡孔氏村

时代 元代

类型 石窟寺及石刻

1996 年，被山西省人民政府公布为第三批省级文物保护单位。

据卧佛寺内《重修卧佛岩记》碑载，“元至正年间凿石佛，长数丈，卧于岩下。明嘉靖四年，道人王续绵募捐主持，创建大殿四楹，刻石为佛者三，菩萨二、罗汉者三十有六，经始于正德庚午正月，落成于嘉靖壬午十月”，可知卧佛寺始凿于元代，明正德、嘉靖年间曾修缮。

现存卧佛寺为一天然岩洞，坐北朝南，宽 36 米，深 34 米，高 20 米。洞后壁凿一卧佛，身长 5.2 米，肩宽 1.4 米，螺纹肉髻，面相方圆，身着袈裟，右臂上曲托头。后人为卧佛通体镀金。

洞窟内另有高约 1 米的佛像 18 尊，系 2006 年由别处迁来，佛头均为后人补配。现存明嘉靖五年（1526）、三十四年（1555）及清光绪十六年（1890）重修卧佛寺碑各 1 通。

卧佛寺是晋中地区石窟的重要代表，造像形态优美，雕刻技艺精湛，为研究元代中国北方佛教石窟发展、佛教艺术传播提供了珍贵材料。

卧佛寺

卧佛寺卧佛

# 普光寺

位置　晋中市寿阳县西洛镇白道村

时代　宋代至清代

类型　古建筑

2006年，被国务院公布为第六批全国重点文物保护单位。

普光寺创建年代不详，坐北朝南，占地面积1142平方米，建筑面积871平方米。中轴线上仅存正殿，两侧为东西厢房、配殿、耳房。现存正殿为宋代遗构，余皆为明清建筑。

正殿建在石砌台基上，高1.3米。正殿面阔三间，进深六椽，单檐硬山顶。梁架为四椽栿对前后劄牵用四柱，斗栱为四铺作单下昂，柱头卷杀明显。前檐当心间施板门，次间为直棂窗。其结构形制和用材规范保留了宋代建筑的特点。

殿内东、西、北山墙绘明代工笔重彩佛教内容壁画80平方米。

普光寺保留了宋、明、清等不同时期的建筑特征，是研究该地区宋代以后建筑发展变化的珍贵实例。正殿内壁画人物丰富，神态逼真，手法细腻，线条流畅，体现出极高的历史价值和艺术价值。

普光寺正殿

普光寺西配殿

# 福田寺

位置　晋中市寿阳县平头镇黑水村

时代　元代至明代

类型　古建筑

2006年，被国务院公布为第六批全国重点文物保护单位。

福田寺始建于唐代，金代毁于战火，元至顺四年（1333）重建。寺宇坐北朝南，一进院落布局。中轴线由南向北建有山门、正殿，两侧为东西配殿。

现存正殿为元代建筑，石砌台基，面阔三间，进深七椽，单檐悬山顶。前檐四柱均为赭红色砂石柱，正中两柱为瓜棱瓣形，较为独特。柱头斗栱较大。殿内未见元代建筑常见的斜栿，仍采用宋代劄牵样式承托椽栿，但有移柱、减柱的做法，梁架上有很大部分承袭宋金时结构，并施彩绘。屋顶坡度较陡，屋脊以琉璃瓦装饰，绘有天宫、花草等图案；屋顶以青瓦为底，蓝色琉璃瓦走线，勾勒出一组菱形图案。

殿内现存元至顺四年（1333）《刀村福田院创建正殿碑记》碑1通。

福田寺保存较为完好，元代特征明显，梁架风格独特，为研究我国早期建筑提供了丰富的实物资料。

福田寺全景

福田寺正殿

福田寺山门

# 孟家沟龙泉寺

位置　晋中市寿阳县南燕竹镇孟家沟村

时代　明代至清代

类型　古建筑

2006年，被国务院公布为第六批全国重点文物保护单位。

孟家沟龙泉寺始建于明代，据庙内碑刻记载，明天启四年（1624）重修。寺坐北朝南，占地面积2400平方米。建筑群依山势而建，上下七层，基本采用中轴线对称布局，中轴线建有戏台、山门（一层窑洞）、过殿、檐窑洞、晶月亭。现存过殿为明代遗构，其余皆为清代建筑。

龙泉寺共有石砌窑洞37孔，砖木结构房屋49间。

寺北建有凌泾塔，为十二层八角楼阁式砖塔，通高15米。塔基石砌，高0.77米，边长1.65米。塔身各层叠涩出檐，翼角翘起，每面辟拱形门洞。塔顶层层高加大，相当于下部两层高度之和，塔身各面辟栱门，南面砖雕垂花门楣，檐部雕出椽飞、瓦垄。塔刹为仰覆莲座，上置覆钵、露盘，塔尖已毁。一层南面辟门，内设楼梯，可登临。

孟家沟龙泉寺石砌窑洞与木结构建筑组合，带有浓郁的地方特色；凌泾塔塔身高大，气势雄伟，是楼阁式砖塔的典型代表。

孟家沟龙泉寺全景

孟家沟龙泉寺檐窑殿

孟家沟龙泉寺凌泾塔

# 松罗院

位置：晋中市寿阳县平头镇董家庄村

时代：元代

类型：古建筑

2004年，被山西省人民政府公布为第四批省级文物保护单位。

松罗院创建年代不详，据碑文载，清道光三年（1823）重修。松罗院坐北朝南，一进院落布局，占地面积938.45平方米。中轴线由南向北建有戏台、正殿，两侧为东西配殿、东耳房。现存正殿为元代遗构，余皆为清代建筑。

正殿建在石砌台基上，面阔三间，进深四椽，单檐硬山顶。梁架为三椽栿对前劄牵用三柱，斗栱为四铺作单下昂。戏台倒座，前台宽三间，后台宽五间，深六椽，单檐硬山顶，前台施卷棚抱厦，现存的硬山顶为清代重修时改制，脊筒上雕刻龙、凤、牡丹、卷草等图案。

东西配殿位于正殿东西两侧，面阔四间，进深四椽，五檩前出廊式构架，为清代建筑。院内现存重修碑、布施碑共3通。

松罗院正殿元代特征明显，梁架风格独特，为研究我国早期建筑提供了丰富的实物资料。

松罗院全景

松罗院正殿

# 段王村罗汉寺

位置　晋中市寿阳县平舒乡段王村

时代　元代至清代

类型　古建筑

2016年，被山西省人民政府公布为第五批省级文物保护单位。

段王村罗汉寺创建年代不详，据庙碑记载，清雍正八年（1730）至十一年（1733）重修。寺院坐北朝南，二进院落布局。中轴线由南向北依次有山门、过殿和正殿，两侧仅存一进院东侧钟楼、东西厢房，二进院东配殿，其余建筑均已不存。现存建筑中正殿、过殿为元代建筑，山门为明代建筑，余为清代建筑。

正殿建在石砌台基上，面阔三间，进深四椽，单檐悬山顶，屋顶坡度平缓。殿内梁架为四椽栿通达前后檐用二柱，四椽栿上设驼峰，承平梁。平梁之上设叉手、合楷、侏儒柱，承脊槫，叉手下端插于平梁，与下平槫、襻间枋相交。整个梁架结构简洁，构架稳定，梁栿均为自然原木稍加砍削而成。檐下柱间设阑额、普拍枋，普拍枋上设柱头、补间斗栱各一朵，形制均为五铺作双下昂计心造，蚂蚱形要头，当心间补间斗栱出45°斜栱，各斗栱栌斗斗幽较深，当心间补间斗栱后尾出斜挑承平槫，柱头卷杀明显。前檐当心间设板门，两次间设直棂窗，板门之上设4枚门簪。

过殿面阔三间，进深六椽，单檐悬山顶，平面近方形，进深略大于面阔。殿内梁架为四椽栿对后乳栿通檐用三柱，殿内檐柱、金柱均为八角抹棱砂石柱，整体建筑显得高而深。前檐设斗栱，当心间补间斗栱后尾出斜挑承平槫，后檐未设斗栱。

寺内正殿、过殿梁架及斗栱栱眼壁施彩画。存清代维修碑4通、石碣1方。

段王村罗汉寺是该区域保存较为完整的集元、明、清建筑技法于一体的寺院，保存各朝代建筑营造的工艺，蕴含丰富的历史文化信息，是研究建筑结构发展的宝贵实例。

段王村罗汉寺全景

段王村罗汉寺正殿

# 平舒崇福寺

位置 晋中市寿阳县平舒乡平舒村

时代 元代、清代

类型 古建筑

2016年，被山西省人民政府公布为第五批省级文物保护单位。

平舒崇福寺创建年代不详，据过殿明间脊檩随檩枋下皮现存题记载，明成化二十二年（1486）、万历三十五年（1607）及清康熙十六年（1677）重修过殿，清乾隆四十五年（1780）重修正殿。崇福寺坐北朝南，一进院落布局。中轴线由南向北建有过殿、正殿，两侧为东西配殿。现存建筑中过殿为元代遗构，其余为清代建筑。

过殿建在石砌台基上，面阔三间，进深六椽，单檐硬山顶。梁架结构为四椽栿对前后劄牵通檐用四柱。前后檐均施斗栱，斗栱为七铺作三下昂，计心造，昂为琴面昂，补间出斜昂，用材硕大，斗栱高1.3米，占柱高的近三分之一。殿内斗栱后尾穿插于垂莲柱间，柱子后尾撑襻间枋、金檩，将梁架屋面的荷载分散于斗栱、檐柱之上。前后檐柱均为石柱，覆盆式柱础，径面较大。前檐明间安隔扇，两次间安槛窗，后檐明间设置板门，两次间砌墙封护。过殿通高近10米，整体比正殿显得宏大。

正殿位于中轴线最北端，面阔三间，进深五椽，单檐悬山顶。梁架为六檩前出廊式构架。斗栱共计七攒，平身科三攒，柱头科四攒，皆为一斗二升斗栱。前檐柱间安四扇六抹斜方格隔扇，两次间下砌槛墙，上置四扇四抹斜方格槛窗。

过殿明间脊檩随檩枋下皮存明清重修题记 2 则。寺内现存清重修碑 1 通。

平舒崇福寺过殿平面近方形，斗栱取材规格远大于明清时期，整体建筑风格及室内梁架元代特征明显，明清修建信息丰富，在一定程度上体现了元至清代建筑技法的融合，是时代变革、建筑发展的实物见证。

平舒崇福寺航拍图

平舒崇福寺正殿

# 圣母五龙行祠

位置 晋中市寿阳县宗艾镇范村

时代 元代至清代

类型 古建筑

2021年，被山西省人民政府公布为第六批省级文物保护单位。

圣母五龙行祠创建年代不详，据正殿廊下所存碑文记载，明万历五年（1577）、清康熙四十年（1701）曾进行过修缮。祠坐北朝南，由并排互通的三个院落组成，院落整体为长方形，中间为主殿院，两旁为客房院。主殿院由门楼、正殿、关帝庙、伽蓝殿、东西配殿、东西厢房、南厢房组成，东院、西院为厢房。现存正殿局部保留了元代遗风，其余为清代建筑。

正殿位于砂石条砌须弥座式台基上，台基上下叠涩，当中束腰。殿身面阔三间，进深五椽，单檐硬山顶，六檩前廊式构架。东西山墙收分。前檐柱柱础雕刻覆莲花纹，柱头卷杀，元代建筑特征明显。

廊下现存明、清石碑2通。

圣母五龙行祠规模较大，正殿基座、柱础、檐柱、墙体保留元代木结构建筑特征，整体布局和建筑形制保存相对完整，为研究我国早期建筑提供了丰富的实物资料。

圣母五龙行祠全景

圣母五龙行祠正殿

# 纂木皇恩寺

位置 晋中市寿阳县西洛镇纂木村

时代 元代至清代

类型 古建筑

2021年，被山西省人民政府公布为第六批省级文物保护单位。

纂木皇恩寺创建年代不详，清乾隆二十五年（1760）重修。寺坐北朝南，二进院落布局。中轴线由南向北依次为天王殿、过殿、正殿，两侧为东西配殿及耳房。正殿为元代遗构，天王殿、过殿为明代建筑，东西配殿及耳房为清代建筑。

正殿建在石砌台基上，面阔三间，进深六椽，单檐硬山顶。梁架结构为五椽栿对前劄牵用三柱。外檐斗栱为五铺作双下昂，计心造，昂为批竹式。过殿面阔三间，进深四椽，单檐悬山顶，五檩无廊式构架。天王殿面阔三间，进深四椽，单檐硬山顶，五檩无廊式构架。

正殿殿内存有部分壁画。天王殿大梁底皮有清乾隆二十五年（1760）重修墨书题记。

纂木皇恩寺格局较为完整，为研究当地寺庙建筑提供了实物资料。建筑构架、彩绘等反映出从元代至清代当地的建筑工艺水平、社会风尚和民俗风情，具有较高的研究价值。

纂木皇恩寺航拍图

纂木皇恩寺正殿

纂木皇恩寺过殿

# 冯家山关帝庙

位置　晋中市寿阳县平舒乡东郭义村冯家山自然村

时代　明代至清代

类型　古建筑

2021年，被山西省人民政府公布为第六批省级文物保护单位。

冯家山关帝庙创建年代不详，清康熙五十年（1711）、乾隆七年（1742）曾有修缮。庙坐北朝南，一进院落布局。中轴线上由南向北建有戏台、山门、正殿，两侧为钟楼、东西配殿、东西耳房。正殿为明代建筑，余皆为清代建筑。

正殿建在石砌台基上，面阔三间，进深五椽，单檐硬山顶。梁架为六檩前廊式构架，清式门窗装修完整。殿内东西山墙及后檐墙上绘有关云长故事题材的通景壁画。

山门面阔三间，前月台整体石砌，南面50米有一座戏台，戏台为清卷棚顶建筑，前有4根青石柱，保存较好，精美大气。山门内存重修碑及布施碑4通。

冯家山关帝庙较为完整地保留了明代建筑布局，选址讲究，形制规整，正殿三面墙壁画完整，融故事与山水为一体，难得而珍贵，是明清时期寿阳地区建筑技术水平和艺术审美的集中体现。

冯家山关帝庙全景

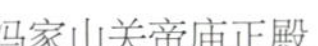
冯家山关帝庙正殿

冯家山关帝庙正殿内壁画

# 东郭义清微观

位置：晋中市寿阳县平舒乡东郭义村

时代：明代至民国

类型：古建筑

2021年，被山西省人民政府公布为第六批省级文物保护单位。

东郭义清微观创建年代不详，明清时期曾五次修缮，1927年还进行了维修。清微观坐北朝南，一进院布局，总占地面积1315平方米。中轴线由南向北依次建有山门、正殿，两侧为钟鼓楼、配殿。

正殿砂石砌台基，具有须弥座做法。殿身面阔三间，进深五椽，单檐硬山顶，六檩前廊式构架，檐柱为砂石瓜棱柱。山门建在石砌台基上，面阔三间，进深五椽，单檐硬山顶。

东配殿保存残损壁画，山门前有清重修及布施碑2通，院内有砂石碑座2个。

东郭义清微观建筑布局规整，做工精巧，结构合理，石碑、壁画艺术均能反映出该区域的工匠技艺，体现出较高的建筑技术水平和艺术审美。

东郭义清微观全景

东郭义清微观正殿

# 武家村关帝庙

位置 晋中市寿阳县解愁乡武家村

时代 清代

类型 古建筑

2021年，被山西省人民政府公布为第六批省级文物保护单位。

武家村关帝庙创建年代不详，顺治十七年（1660）重修。关帝庙坐北朝南，一进院落布局，占地面积1124平方米。中轴线由南向北依次为山门、正殿，两侧分列钟鼓楼、东西配殿、厢房及东耳房。现存均为清代建筑。

正殿建在石砌台基上，面阔五间，进深五椽，单檐硬山顶，六檩前廊式构架。

东西配殿各六间，均为三椽四檩前出廊。配殿南侧东西厢房各一间，四椽五檩不出廊。院内现存清顺治十七年（1660）《重修关圣帝君庙宇碑记》碑1通。

武家村关帝庙保留了清代建筑风格，建筑物规整，是研究寿阳地区清代古建筑的重要实例之一。

武家村关帝庙航拍图

武家村关帝庙正殿

# 灵嵩寺石窟

 位置　晋中市寿阳县解愁乡阳摩寺村

 时代　东魏至唐代

 类型　石窟寺及石刻

2021年，被山西省人民政府公布为第六批省级文物保护单位。

灵嵩寺石窟始凿年代不详，东魏武定三年（545）至北汉天会四年（960）均有开凿、补刻痕迹，窟壁有唐大历、元和、天宝年的题记。石窟开凿于石灰岩壁上，呈东西向分布，绵延300余米，总占地面积约6000平方米，分布着不同时期的4窟及摩崖造像9处，共刻有人物像500余尊。各窟龛形制依据地形和石壁形状各不相同，体现出400年间佛教石窟的风格演变。

主窟为平顶方形，一壁三龛式，门楣上有灵嵩寺新造功德堂记铭文，共千余字。石窟造像题材主要有释迦牟尼、二佛并坐、三世佛、千佛、沙门形地藏等。主要摩崖造像为东魏武定三年（545）凿刻，共有大小佛像200余尊。

灵嵩寺石窟是晋中地区保存较好、较完整的石窟寺之一，雕刻技法和人物形象具有明显的地域特色，为研究北方佛教石窟艺术和佛教文化提供了宝贵的实例。

灵嵩寺石窟近景

灵嵩寺石窟大窟近景

灵嵩寺石窟部分石刻

# 梁村遗址

位置 晋中市祁县古县镇梁村西

时代 新石器时代

类型 古文化遗址

2013 年，被国务院公布为第七批全国重点文物保护单位。

梁村遗址包括仰韶中晚期等阶段的遗存。遗址区域内地形南高北低，为阶梯状分布的台地，分布面积约 24 万平方米。

遗址文化层厚 0.3—1 米，断崖上暴露灰坑遗迹。1955 年曾试掘 2 条探沟，出土仰韶中期的泥质红陶折唇壶、敛口钵和线纹小口尖底瓶，仰韶晚期典型器物有夹砂灰陶附加堆纹筒形罐、泥质灰陶篮纹喇叭口桥形耳罐等，另出土石、凿、蚌刀等。

梁村遗址的文化内涵在晋中地区仰韶中期和庙底沟二期阶段均具有较强代表性，仰韶晚期彩陶仍较为发达，与太谷白燕、太原义井等共同反映了这一时期该地区的文化面貌与地方特色。

梁村遗址全景

梁村遗址断面灰坑

# 兴梵寺

位置 晋中市祁县东观镇东观村

时代 宋代

类型 古建筑

2006年，被国务院公布为第六批全国重点文物保护单位。

据乾隆版《祁县志》载，北宋天圣三年（1025）于东观镇西管村创建兴梵寺，清康熙二十六年（1687）移建至东观村。现仅存正殿，为宋代遗构。

正殿坐北朝南，建于1.85米高的砖砌台基上，面阔五间，进深六椽，单檐歇山顶，绿琉璃剪边。梁架为四椽栿对前后劄牵通檐用四柱。斗栱为四铺作单杪。

兴梵寺历经修缮，保留有历代修缮痕迹，是兴梵寺发展演变的重要见证。正殿的用料及建造工艺，体现出宋代当地建筑营造技术的高超和建筑匠师的创新精神。

兴梵寺正殿

兴梵寺正殿梁架

# 梁村洪福寺

位置：晋中市祁县古县镇梁村

时代：元代至清代

类型：古建筑

2019年，被国务院公布为第八批全国重点文物保护单位。

据寺内山门、南殿墙上所嵌石匾记载，梁村洪福寺始建于唐开元元年（713），明隆庆年间、天启五年（1625）及清乾隆二十一年（1756）、1937年均进行过重修。寺院坐北朝南，一进院落布局，占地面积4412平方米。中轴线由南向北建有山门、南殿、正殿，两侧为东西配殿，西配殿西侧辟僧院。现存建筑正殿为元代遗构，南殿为明代建筑，余均为清代建筑。

正殿面阔三间，进深六椽，单檐悬山顶。后檐当心间出单檐歇山顶抱厦一间，山花朝北，建筑平面布局呈凸字形。殿之梁架为四椽栿对前劄牵通檐用三柱，前出廊，斗栱为四铺作单杪。抱厦梁架为四椽栿通达前后檐，斗栱为四铺作单杪。正殿梁架均为自然弯材稍加砍削而成，补间铺作后端均挑承檐槫，屋顶重唇滴水瓦件等，均体现出元代建筑特征。

南殿面阔三间，进深四椽，单檐硬山顶。殿内梁架为三架梁对前单步梁通檐用三柱。前檐斗栱平身科、柱头科各一攒，形制相同，均为三踩单昂。殿后檐墙外正中嵌石匾1方。

正殿、南殿梁架、斗栱均施彩画。寺内现存清代重修碑1通。

梁村洪福寺现存建筑展现了元代至清代当地建造工艺的演变过程。留存的碑刻、彩画等呈现出不同时期的艺术风格，体现出较高的艺术研究价值。

梁村洪福寺航拍图

梁村洪福寺正殿

# 祁县镇河楼

位置 晋中市祁县贾令镇贾令村

时代 明代

类型 古建筑

2019年，被国务院公布为第八批全国重点文物保护单位。

据乾隆版《祁县志》载，镇河楼始建于明天顺年间，明嘉靖年间、清康熙五年（1666）及乾隆五十六年（1791）重修。镇河楼为明代建筑，坐北朝南，占地面积217平方米，为二层砖木构过街楼阁式建筑。

镇河楼建于砖砌台基上，面阔五间，进深四椽，四重檐歇山顶，四周围廊。顶层檐下斗栱为五踩双昂；三层檐下斗栱为三踩单昂；二层檐下斗栱为三踩单翘，檐下悬“永镇昌源”匾1方；底层檐下斗栱为三踩单昂。明间设砖券门洞，南北贯通。

祁县镇河楼结构巧妙，造型别致，是明代楼阁建筑中的精华，具有较高的历史文化价值。

祁县镇河楼

祁县镇河楼屋面

# 乔家大院

祁县

位置 晋中市祁县东观镇乔家堡村

时代 清代

类型 古建筑

乔家大院航拍图

2001年，被国务院公布为第五批全国重点文物保护单位。

乔家大院又名“在中堂”，是清代著名商业金融资本家乔致庸的宅院。

乔家的第一代创业人乔贵发在包头经商，创立了包头城内最大商号“复盛公”。乔致庸是乔家的第二代，从事金融业务，开办钱庄、票号、典当行，将生意从包头做到北京、天津等地。清乾隆年间，乔致庸发迹后始建大院，曾两次增修，一次扩建，于20世纪20年代建成全封闭的城堡式建筑群，坐西朝东，占地面积1.06万平方米，建筑面积4175平方米，共由6座大院、20进小院、313间房屋组成。一条东西向甬道将大院分为南北两部分，平面呈“囍”字形布局。院四周筑以堡墙，防御性与私密性极强。北面为三进四合院，连环相套，各进院落渐次升高，寓意“连升三级”。南面三座院落均为二进四合院。各院落于正房的制高点上建更楼及相应通道，从而把相对独立的院落连为整体。各院大门及主体建筑均为砖木结构，前设抱厦或垂花门，斗栱为五踩或三踩，额枋、雀替镂空木雕并彩绘，屋顶有歇山、硬山、卷棚、平顶等形式。整座院落石雕、砖雕、木雕种类繁多，雕刻精美华丽。

统楼院为甬道北侧第一院，坐北朝南，三进院落布局。中轴线上由南向北依次建南房、前院过厅、中院过厅、正房，两侧为厢房。正房为二层统楼，面阔五间，进深一间，单檐硬

山顶。一层明间前设歇山式抱厦。各进院落渐次升高。院内房屋有雕刻精美的石雕、木雕、砖雕构件。

明楼院为甬道北面第二院，坐北朝南，三进院落布局。中轴线上由南向北依次建南房、前院过厅、中院过厅、正房，两侧为东西厢房。正房为二层明楼，面阔五间，进深一间，单檐硬山顶。砖砌拱形门窗，一层明间前设抱厦，二层前出廊。院内石雕、砖雕、木雕种类繁多，雕刻精美。

乔家大院集中体现了中国清代北方民居的独特风格，是明清以来晋商勃兴在建筑、文化、习俗等方面的综合反映，是晋中民居文化的重要代表。

乔家大院统楼院

乔家大院明楼院

# 渠家大院

位置：晋中市祁县昭馀镇新建南路社区居委会东大街

时代：清代

类型：古建筑

2006年，被国务院公布为第六批全国重点文物保护单位。

渠家大院原为清代著名的商业金融资本家渠源浈及后人的宅院。

渠家大院始建于清乾隆年间，1925年建成现在规模。大院坐北朝南，占地面积7500平方米，由8个大院、19个小院、240间房屋组成，布局精巧，宏伟庄重，各院建筑既独具特色，又巧妙组合，其中有全国罕见的五进式穿堂院。主要院落有北院、统楼院、石雕栏杆院、戏台院、五进式穿堂院、书房院、牌楼院、轿车院等。建筑均为砖木结构，屋顶有悬山、硬山、卷棚等形式。大院外墙四面围合，高耸如堡，上筑垛口，院内木雕、石雕、砖雕随处可见，题材广泛，寓意祥和，刀法精良。

石雕栏杆院是渠家大院大门西侧的第一座院落。正房、西厢房面阔五间，进深一间，单檐硬山顶。南房为闷房，面阔三间，进深一间，平顶，不出檐。院落东侧为石雕栏杆，长16米，高1.8米，全部用青石雕砌，采用线雕、浮雕、双面镂空雕等工艺，表现渔樵、耕读、竹节、莲花等内容。正房是主人迎客之所，屋檐下挂一块由整块核桃木雕刻而成的荷叶状匾额，上书“若虚斋”三字。

渠家大院大门

牌楼院为渠家长辈生活起居之所，坐北朝南，二进院落布局。中轴线上由南向北依次建南房、牌楼、正房，两侧厢房为里五间、外三间结构。牌楼高 12 米，施十一踩斗栱，外加斜立支柱，牌楼两侧有对称的砖雕腰墙。正房为二层明楼，面阔五间，进深一间，高约 20 米，单檐硬山顶，是中华人民共和国成立前祁县古城最高的建筑。

渠家大院浓缩了汉民族传统文化元素和深厚艺术底蕴，有着极高的历史文化价值。

渠家大院牌楼院

渠家大院石雕栏杆院

# 荣仁堡址

位置 晋中市祁县古县镇荣仁堡村

时代 清代

类型 古文化遗址

2021 年，被山西省人民政府公布为第六批省级文物保护单位。

荣仁堡址修建于清代，现仅存堡墙。

堡址平面呈长方形，南北长约 350 米，东西宽约 290 米，其南、西、东保存完整，设有马面和角台。堡墙墙基宽 1—4 米，残高约 7 米。墙体夯筑，夯层厚约 0.2 米。东、西、南三墙中部各设 1 门，其中东门残宽约 5 米，进深约 3 米。堡墙四周设城壕，宽约 10 米，深约 1.5 米。据传荣仁堡口是防范太平军袭扰所建的防御工事。

荣仁堡址是清代社会关系和地方史的重要见证。

荣仁堡址西南角堡墙

# 祁奚父子墓

位置　晋中市祁县古县镇阎名村

时代　春秋

类型　古墓葬

1965年，被山西省人民委员会公布为第一批省级文物保护单位。

祁奚父子墓为东周时期晋国大夫祁奚和其子祁午（晋悼公时中军尉）的墓葬。

祁奚，生卒年代不详，字黄羊，《左传》载其举荐人才不避亲仇的故事广为流传。祁奚请求告老还乡时，晋悼公希望他举荐一个可以接替他位置的人，祁奚没有推举自己的儿子，反而推荐了和自己有私人仇恨的解狐，只因为解狐更能胜任这一职位。后来解狐暴病身亡，祁奚这才推举自己的儿子，丝毫不避讳，坦荡示人。孔子闻之曰："善哉，祁黄羊之论也，外举不避仇，内举不避子，祁黄羊可谓公矣！"

墓葬总体分布面积约1000平方米，封土于1974年被夷平，未发掘，结构与形制不详。2007年重新堆砌封土，并新立墓碑、雕像，建为陵园。

祁奚父了墓陵园大门

祁奚父子墓牌楼

# 聚全堂药铺旧址

位置 晋中市祁县昭馀镇新建南路社区居委会东大街

时代 明代

类型 古建筑

2004年，被山西省人民政府公布为第四批省级文物保护单位。

聚全堂药铺创办人和创建年代不详，坐北朝南，二进院落布局，占地面积672平方米。中轴线上由南向北依次为铺面、过厅、二层统楼，两侧为东西厢房。现存建筑中铺面、过厅为明代建筑，统楼、东西厢房为清代建筑。

铺面临街而设，台基低矮，形制简明，面阔五间，进深五椽，单檐硬山顶。明间为入院通道，次、梢间为铺面。店内梁架为单步梁对五架梁通檐用三柱，前檐柱头斗栱为一斗二升交蚂蚱头，门窗装修已改。

过厅面阔五间，进深五椽，单檐硬山顶，前檐设廊。梁架为单步梁对五架梁通檐用三柱。前檐柱头斗栱为三踩单翘，柱头看面斜砍。统楼为二层，下层为砖券窑洞，上层为木构，清代小式建筑，单檐硬山顶。

聚全堂药铺基本保持了明清时代建筑格局，主要文物建筑在形制特征、材料和工艺特点等方面保留了历史原状，具有鲜明的地方特色，对研究商业文化、明清建筑特色具有重要意义。

聚全堂药铺旧址过厅

聚全堂药铺旧址铺面内部梁架

# 祁县文庙

位置：晋中市祁县麓台城区西大街社区桂林巷

时代：明代至清代

类型：古建筑

2016年，被山西省人民政府公布为第五批省级文物保护单位。

祁县文庙创建于金大定中期，原在城南街东巷，明洪武三年（1370）重建，洪武十六年（1383）、天顺年间增葺，明嘉靖二年（1523）迁至城西南一佛寺，万历九年（1581）至四十六年（1618）、崇祯十四年（1641）及清顺治十六年（1659）、康熙四十四年（1705）、康熙五十七年（1718）、雍正七年（1729）、乾隆九年（1744）、乾隆三十三年（1768）均进行过修葺。文庙坐北朝南，二进院落布局，占地面积3398平方米。中轴线从南至北依次建状元桥（新建）、崇圣殿和大成殿，两侧分别为一进院东西廊房、东西偏殿、东西配殿及二进院东西廊房、东西配殿。现存文物建筑除大成殿为明代遗构外，其余皆为清代建筑。

大成殿建于砖砌台基之上，面阔七间，进深六椽，单檐歇山顶，黄琉璃脊饰，孔雀蓝琉璃瓦覆顶。梁架为七檩无廊式构架，五踩双昂斗栱。

庙内现存石碣1方。

祁县文庙是晋中地区现存县级文庙中保持较为完整的文庙之一，对研究儒学文化的发展、明清时期文庙建制及建筑结构特色具有重要意义。

祁县文庙大成殿

祁县文庙崇圣殿

# 洞壑真武庙

晋中市祁县古县镇洞壑村

明代至清代

古建筑

2021年，被山西省人民政府公布为第六批省级文物保护单位。

洞壑真武庙创建年代不详，清道光元年（1821）对正殿、菩萨庙、东西配殿进行维修。现存院落为二进院布局，坐北朝南，总占地面积1743.6平方米。中轴线由北向南依次为正殿、菩萨殿、山门，东西两侧为二进院北侧配殿、二进院南侧配殿、便门。正殿为明代遗构，其余均为清代建筑。

正殿位于中轴线最北端，面阔三间，进深五椽，单檐硬山顶。梁架为五架梁对前单步梁通檐用三柱，前檐平板枋之上施三踩单翘斗栱。明间设置四扇六抹斜方格落地大隔扇，两次间设槛窗。

菩萨殿面阔三间，进深四椽，单檐硬山顶。山面梁架中部用山柱，与明间梁架不同，前檐平板枋之上施三踩单翘斗栱。明间设置四扇六抹落地大隔扇，两次间置槛墙，安直棂窗。寺内现存清代石碑1通。

洞壑真武庙是祁县现存规模最大、保存最为完整的真武庙之一，对研究晋中区域真武信仰历史具有重要意义。现存建筑为研究明清时期当地的建筑历史、工艺等提供了珍贵的实例，具有较高的历史及科学价值。

洞壑真武庙航拍图

洞壑真武庙正殿

# 张北延寿寺

位置 晋中市祁县东观镇张北村

时代 清代

类型 古建筑

2021年，被山西省人民政府公布为第六批省级文物保护单位。

据乾隆版《祁县志》和碑刻记载，张北延寿寺始建于元延祐三年（1316），清代屡有修葺，1924年重修。延寿寺坐北向南，二进院落布局。中轴线由北向南依次为正殿（三圣殿）、过殿、天王殿（山门），两侧为东西耳殿、二进院东西配殿、二进院东西厢房、东西碑廊、一进院东西配殿。寺院围墙外，天王殿正对面为戏台。现存为清代建筑。

正殿面阔三间，进深五椽，单檐硬山顶。梁架结构为五架梁对前单步梁。过殿、天王殿（山门）建筑样式与正殿相同。戏台面阔三间，进深五椽，单檐硬山卷棚顶，前檐踩飞。两山前檐出45° 一字砖雕影壁。梁架结构为六架梁通达前后檐。

寺内现存碑刻2通、壁画92平方米、彩绘60余平方米。

张北延寿寺历经维修，见证了寺院的变迁，现存建筑、壁画及彩绘体现了地方特色及审美追求，具有较高的历史与科学价值。

张北延寿寺航拍图

张北延寿寺正殿

# 王贤关帝庙

位置 晋中市祁县古县镇王贤村

时代 清代

类型 古建筑

2021年，被山西省人民政府公布为第六批省级文物保护单位。

王贤关帝庙又名“万圣寺”，创建年代不详，据正殿梁架题记载，清雍正年间重修。庙坐北朝南，二进院落布局，占地面积1719平方米。中轴线上由南至北依次建有戏台、山门、过殿、正殿，两侧为钟鼓楼、东西配殿及耳殿。现存为清代建筑。

正殿建于高48厘米的台明之上，台明前设踏道。殿身平面呈长方形，面阔三间，进深五椽，单檐硬山顶。梁架为前单步梁对后五架梁通檐用三柱。建筑共用木柱12根，皆为圆形木质。前檐柱柱础石为石鼓形，金柱柱础石为覆盆形。明间前檐柱头上施大额枋、平板枋，次间前檐柱头上施大额枋、由额、平板枋。两山土坯墙上写有寺院供养人与居士的名字，有的上书题记，时间多为道光年间。两山山花处画有壁画，左右各6块，共3平方米。

王贤关帝庙对考证庙宇功能变迁及历史发展有重要的作用。现存建筑及壁画，反映了当地清代的建筑技术水平及艺术审美，具有较高的科学价值与艺术价值。

王贤关帝庙航拍图

王贤关帝庙正殿

# 谷恋真武庙

位置：晋中市祁县贾令镇谷恋村

时代：清代

类型：古建筑

2021年，被山西省人民政府公布为第六批省级文物保护单位。

谷恋真武庙创建年代不详，乾隆三十二年（1767）修建正殿。庙坐北朝南，二进院落布局，占地面积1140平方米。中轴线上由南向北依次建有山门、过殿、正殿，两侧为钟鼓楼、东西配殿、东碑廊、南厅、耳殿。现存为清代建筑。

正殿面阔三间，进深五椽，单檐硬山顶，绿琉璃剪边。梁架为五架梁对前单步梁通檐用三柱，三踩斗栱。大木构架有彩绘，前檐东西廊心墙绘守护神。

过殿面阔三间，进深五椽，单檐硬山顶。梁架为五架梁对后单步梁，五踩斗栱。前檐明间设单坡卷棚歇山式抱厦。

院内存清代修渠石碑2通。

从选址的地理位置、庙宇命名和建筑形态看，谷恋真武庙是研究祁县区域性传统建筑和民间信仰的实物资料。

谷恋真武庙航拍图

谷恋真武庙过殿

# 加乐茶壶庙

位置：晋中市祁县东观镇加乐村

时代：清代

类型：古建筑

2021 年，被山西省人民政府公布为第六批省级文物保护单位。

加乐茶壶庙创建年代不详，坐北朝南，一进院落布局。中轴线上由南至北依次建有山门、正殿，两侧为东西配殿、耳殿。现存为清代建筑。

正殿建于 0.4 米高的砖砌台基上，面阔三间，进深五椽，单檐硬山顶。斗栱为三踩单昂。梁架为五架梁对前单步梁通檐用三柱。前檐明间施板门，次间设槛墙、直棂窗。墀头砖雕瑞兽图案。

山门位于院落中轴线的最南端，面阔五间，进深两椽，单檐单坡硬山顶，前檐出抱厦。东西配殿建筑形制相同，均面阔五间，进深一间，单檐单坡硬山顶。

加乐茶壶庙布局较为完整，砖雕以及木雕雕刻精美，具有典型的地方风格。该庙紧临万里茶道，而“茶壶庙”之名又是因为给万里茶道的路人饮茶而得，具有重要的历史文化价值。

加乐茶壶庙山门

加乐茶壶庙正殿

# 苗家堡关帝庙

位置　晋中市祁县城赵镇苗家堡村

时代　清代

类型　古建筑

2021 年，被山西省人民政府公布为第六批省级文物保护单位。

苗家堡关帝庙创建年代不详，坐西朝东，一进院落布局，占地面积 372 平方米。中轴线上由东向西依次为山门、正殿，两侧为钟鼓楼、南配殿、耳殿。现存为清代建筑。

正殿面阔三间，进深四椽，单檐硬山顶。梁架为单步梁对四架梁通檐用三柱。除明间平身科斗栱为米字三踩斗栱外，其余斗栱均为三踩单昂斗栱。

山门面阔五间，进深一间，位于中轴线最东端。其前檐明、次间为歇山顶，梢间为卷棚硬山顶，后檐明间为悬山顶。南北耳殿位于正殿两侧，形制相同，均面阔一间，进深四椽，单檐硬山顶。梁架为五架梁通达前后檐。

苗家堡关帝庙蕴含丰富的社会文化内涵，反映了当地的人文底蕴，具有较高的社会文化价值。

苗家堡关帝庙全景

苗家堡关帝庙正殿

# 镇国寺

位置：晋中市平遥县襄垣乡郝洞村

时代：五代至清代

类型：古建筑

1988年，被国务院公布为第三批全国重点文物保护单位。

镇国寺创建年代不详，据寺内建筑题记、碑文及清光绪版《平遥县志》记载，最迟为五代北汉天会七年（963）所建，金、明、清三代均进行过修葺。寺院坐北朝南，两进院落布局，总占地面积13328平方米。中轴线上由南向北建有天王殿、万佛殿、三佛楼，两侧配以钟鼓楼、二郎殿、土地殿、碑亭、三灵侯祠、福财神殿及观音殿、地藏殿等。寺内建筑多为明清风格，万佛殿及殿内彩塑保存了五代面貌。

万佛殿是镇国寺最重要的建筑，位于寺院中心，建于北汉天会七年（963），面阔三间，进深六椽，单檐歇山顶。檐柱粗壮，生起明显，柱头卷杀和缓，柱间以栏额相连，无普拍枋之设，阑额至角柱不出头，沿袭唐代规制。外檐斗栱用材较大，柱头斗栱为七铺作双杪双下昂，补间斗栱为五铺作双杪，单栱偷心造。殿内无金柱，梁架彻上露明造，六椽栿与六椽草栿叠构，其上施四椽栿、平梁、侏儒柱和大叉手，共承脊槫，槫栿间以驼峰、大斗垫托，端部以托脚支撑，结架严谨。脊槫下皮存有墨书题记“维大汉天会七年岁次癸亥三月建造”。

三佛楼位居寺之中轴线最北端，据殿内四椽栿下皮题记载，清雍正九年（1731）重修，雍正十一年（1733）重新补绘壁画，并敷彩，嘉庆三年（1798）彩绘梁栿、金妆佛像。楼共二层，建于夯土台基上，下部为3眼砖券窑洞，二层楼身面阔三间，进深四椽，单檐悬山顶，梁架为五檩前廊式构架，外檐

镇国寺航拍图

斗栱为五踩单翘单昂。

寺内保存五代、明、清彩塑 56 尊，清代壁画约 345 平方米，石碑 13 通，石碣 7 方，铁钟 1 口，古树名木 8 株。

镇国寺集建筑、彩塑、壁画于一身，是一处具有突出价值的珍贵文化遗产。万佛殿整体梁架结构严密，用材规整，工艺精湛，做工精细，是中国现存最古老的木结构建筑之一，见证了五代时期的建筑技术和文化发展。殿内彩塑是全国寺观庙堂中保存至今的唯一五代作品，为研究我国雕塑发展史，认识唐、宋两代雕塑演变过程，提供了极为可贵的资料。

镇国寺三佛楼

镇国寺万佛殿

镇国寺万佛殿内部塑像

# 慈相寺

位置 晋中市平遥县洪善镇冀郭村

时代 北宋至清代

类型 古建筑

2001年，被国务院公布为第五批全国重点文物保护单位。

据寺内金泰和元年（1201）碑记载，慈相寺初建于唐开元年间，宋、金、元、明、清历代均进行过修葺。慈相寺坐北朝南，三进院落布局，占地面积约18365平方米。中轴线上由南向北建有山门、乐楼（仅存台基）、关帝殿、大雄宝殿和无名大师灵塔，两侧建偏门、钟鼓楼及东西配殿。现存建筑大雄宝殿与塔为宋金时期原构，余皆为明清所建。

大雄宝殿面阔五间，进深七椽，单檐悬山顶。梁架为四椽栿对前乳栿后劄牵通檐用四柱，前檐插廊。斗栱为五铺作单杪单下昂，重栱计心造。前檐当心间、次间装隔扇门，梢间为破子棂窗，后檐当心间施板门。

无名大师灵塔位于最北端，据庙碑记载，宋庆历年间由释道靖创建，宋末毁于兵燹，金天会年间，释宝量、仲英重建，清代曾予修葺，现存为宋代遗构。塔为九层八角楼阁式砖塔，通高48米，塔基平面呈八边形，外围有明清时增建的16眼拱券无量围栏，前出三间抱厦，由此可进入一层塔室。塔身各层出平座，四正面均辟拱券窗洞，逐层收分。塔内设八角穹窿藻井，塔内三层以上壁画绘千佛像。

寺内大雄宝殿现存塑像3尊，两山墙满绘壁画。寺内保存宋、金、清时期石碑9通，是研究寺院发展史的重要依据。

慈相寺是一组相对比较完整的古建筑群，以大殿、无名大师灵塔为代表的宋金木构建筑，以钟鼓楼为代表的明清建筑，体现出宋、金、明、清时期的建筑风格，具有较高的历史价值。

慈相寺全景

慈相寺大雄宝殿

慈相寺无名大师灵塔远景

# 平遥文庙

位置：晋中市平遥县古陶镇平遥古城内文庙街

时代：金代至清代

类型：古建筑

2001年，被国务院公布为第五批全国重点文物保护单位。

平遥文庙始建年代不详，据殿内梁架题记载，大成殿重建于金大定三年（1163），其余东西两殿及前后院建筑皆为明清时期所建。文庙坐北朝南，占地面积约4万平方米，整体由三组建筑群组成，中为文庙，左为东学，右为西学。文庙以大成殿为中心，中轴线由南向北依次为影壁、棂星门、泮池、大成门、大成殿、明伦堂、敬一亭、尊经阁，东西两侧建有乡贤祠、名宦祠、东西庑、时习斋、日新斋、忠孝祠、贤侯祠。文庙建筑群中大成殿为金代重建，余皆为明清时期建筑。

大成殿平面近方形，面阔五间，进深十椽，单檐歇山顶，黄、蓝琉璃脊饰。当心间梁架为六椽栿对后四椽栿通檐用三柱，次间为六椽栿对前后乳栿通檐用四柱，脊槫下皮有金大定三年（1163）重建墨书题记。檐柱略有生起，普拍枋至角柱出头，无阑额。前檐柱头铺作为七铺作双杪双下昂计心造。殿内采用减柱造，减去当心间前槽金柱，扩大了祭拜空间。

平遥文庙整体布局完整，规模宏大，是研究我国儒家传统建筑格局及历史文化发展的有力依据。大成殿属大体量殿堂建筑，柱网布置灵活，柱上使用大跨度的横向复梁，以承纵向的屋架，斗栱结构使用斜向出栱的方法，金代建筑特征明显，是我国建筑历史上不可多得的早期建筑实例。

平遥文庙棂星门背面

平遥文庙尊经阁

平遥文庙大成殿侧面

# 利应侯庙

2006年，被国务院公布为第六批全国重点文物保护单位。

利应侯庙创建年代不详，坐北朝南，占地面积2900平方米。中轴线上由南向北原建有戏台、正殿，两侧建山门、钟鼓楼、东西配殿及厢房。现仅存正殿，为元代遗构。

正殿建在约1米高的台基上，面阔三间，进深四椽，单檐悬山顶，举架平缓。前檐设廊，廊深2.68米。前檐斗栱为五铺作，单杪单昂偷心造，昂呈齐头状，耍头为琴面式。补间斗栱一朵。柱脚可见方形的柱础，柱有侧脚，柱头为覆盆状，角柱生起。前檐明间辟门，板门装修，两次间设直棂窗。殿前置方形月台。

殿内佛坛上现存元代塑像9尊，两山墙及后檐墙存有清代佛教内容壁画63平方米，是研究金元时期彩塑、壁画艺术的珍贵实物资料。

晋中市平遥县襄垣乡郝洞村

元代

古建筑

利应侯庙山门外景

利应侯庙正殿内元代塑像

利应侯庙正殿

# 清虚观

位置 晋中市平遥县古陶镇平遥古城内东大街

时代 元代至清代

类型 古建筑

2006 年，被国务院公布为第六批全国重点文物保护单位。

据碑刻记载，清虚观创建于唐显庆二年（657），后历代均进行过修葺、增修。1979 年，清虚观由文物部门接管后，逐年维修、整治，成现存规模，1998 年辟为平遥县博物馆。清虚观坐北朝南，三进院落布局，占地面积约 5890 平方米。中轴线上由南向北依次建有牌坊、山门、龙虎殿、纯阳宫、三清殿、真武殿、玉皇阁（阁不存），两侧建厢房、耳殿和廊庑。龙虎殿为元代建筑，余皆为明清时期所建。

龙虎殿建在高 0.64 米的砖砌台基上，面阔五间，进深四椽，单檐歇山顶。檐下斗栱为四铺作单昂，柱头带卷杀，梁架四角采用悬梁吊柱手法。殿内存彩塑青龙、白虎像 2 尊，高约 5 米，塑造年代不晚于明代。

三清殿面阔五间，进深九椽，单檐歇山顶，殿顶有琉璃方心、琉璃剪边。檐下斗栱为五踩。殿内梁枋间留有“大明万历二十八年（1600）重修”题记。

观内存宋、金、元、明、清碑碣 30 通（方）。

清虚观全景

清虚观纯阳宫

清虚观龙虎殿

# 金庄文庙

位置 晋中市平遥县岳壁乡金庄村

时代 元代至清代

类型 古建筑

2006年，被国务院公布为第六批全国重点文物保护单位。

金庄文庙创建于元延祐二年（1315），明、清、民国时期均进行过修葺。文庙坐北朝南，三进院落布局，占地面积约为1100平方米。中轴线上由南向北依次建有棂星门（新建）、明伦堂、二门、泮池、三门及大成殿，两侧为东西配殿。

大成殿建于高约0.7米的砖砌台基上，面阔三间，进深四椽，单檐硬山顶，五檩前廊式构架。殿内脊檩下皮有元延祐二年（1315）修造、明万历四十四年（1616）重修、清康熙三十八年（1699）及嘉庆七年（1802）维修等墨书题记。殿内现存塑像为孔子“四配”“十哲”，共15尊，为元代所塑。中院泮池东侧存1株古槐，前院碑廊内存清代石碑11通。

金庄文庙内保存有元代作品孔子及“四配”“十哲”彩绘塑像，工艺精致，色彩如初，保存完好，是现存为数不多的元代儒家造像实例，为研究元代彩塑艺术及儒家思想提供了极其珍贵的实物资料。

金庄文庙全景

金庄文庙大成殿

金庄文庙大成殿内元代彩塑

# 平遥城墙

位置 晋中市平遥县古陶镇平遥古城

时代 明代

类型 古建筑

1988 年，被国务院公布为第三批全国重点文物保护单位。

据清光绪版《平遥县志》载，平遥城墙始建于西周宣王时期，西周大将尹吉甫北伐猃狁，驻军于此，筑西、北两面城墙。明洪武三年（1370），在旧城垣基础上内置夯土，外砌青砖，扩建为今日规模。城墙坐北朝南，平面布局呈方形，东、西、北三面俱直，南墙体随中都河蜿蜒。城墙轴线周长 6142.63 米，高约 10 米，底宽 8—12 米，顶宽 3—6 米，占地面积约为 8.57 万平方米。城墙设六道城门，外筑瓮城，南北各一，分别为迎薰门、拱极门；东西各二，分别称太和门、亲翰门、永定门、凤仪门。迎薰门、拱极门、凤仪门上各建一座城楼。南城墙上建一座魁星楼，东城墙上建点将台。墙顶外侧建 2 米高的挡马墙，上设垛口 3000 个，内设女儿墙，敌楼 72 座，角楼 4 座。外墙每隔 40—100 米筑一个马面。墙外环以护城河。迎薰门、亲翰门瓮城内均建关帝庙，永定门瓮城内建财神庙和关帝庙。

平遥古城墙集防御功能、文化功能于一身，体现了明清时期中国北方县城的典型特点，承载着厚重的历史文明，是平遥古城重要的载体，同时也是研究中国古代筑城之制的珍贵实物资料。

平遥城墙凤仪门（下西门）城楼

平遥城墙航拍图

平遥城墙迎薰门城楼

平遥城墙夜景

平遥古城南城墙鸟瞰

平遥古城西城墙航拍图

平遥城墙迎薰门（南门）

# 双林寺

位置 晋中市平遥县中都乡桥头村

时代 明代

类型 古建筑

1988年，被国务院公布为第三批全国重点文物保护单位。

双林寺创建年代不详，据庙碑记载，北齐武平二年（571）重建，宋代重修，取释迦佛“双林入灭”之义，改名“双林寺”，金元之际毁于战火，明代依旧址重建，始呈今日规模。双林寺坐北朝南，三进院落布局，占地面积1.2万平方米，四周筑以城堡式高墙。中轴线由南向北依次建山门、天王殿、释迦殿、大雄宝殿和佛母殿，两侧建罗汉殿、武圣殿、阎王殿、土地殿、钟楼、鼓楼、千佛殿和菩萨殿。

千佛殿位于中院东侧，面阔七间，进深四椽，单檐悬山顶，五檩前廊式构架。明间设板门，其余各间为直棂窗。殿内明间佛坛上塑南海观音坐像，坐态自然，左腿蹲于台上，手抚膝面，右足下垂，踏于莲台上，袒露胸臂，表情含蓄超凡，身后善财童子和龙女塑于岩石之中。殿内四壁悬塑佛、菩萨和供养人像510余尊，像高均为0.5米左右，分五层布列，山墙上多达七层，人物造型各异，衣饰、神态自然，极具生活意趣，是明塑中的精品。殿内前檐墙下有30多尊供养人像，形象鲜活，孺子、老翁、文人雅士各具情态，是一组精妙的人物写生像。

释迦殿筑于高0.85米的砖砌台阶上，面阔五间，进深六椽，单檐悬山顶。梁架结构为五架梁对前后单步梁用四柱。前后檐明间辟门，前檐明间悬“灵鹫遗风”匾额。释迦牟尼、文殊、普贤是本殿主要塑像。殿内四壁运用圆雕、深浮雕、浅浮雕手法，采取分层组合、连环壁塑形式，表现了佛教创始人释迦牟尼从投胎降生到涅槃成佛以及四方传经、普度众生的佛传故事。释迦殿影壁墙后塑一尊渡海观音，是双林寺彩塑中的精彩之作。观音用圆雕手法塑造，单腿盘坐于红色莲瓣之上，整个身形凸出壁外，神情安详自若，与背景上波涛汹涌的海浪形成强烈对比，具有静中有动的艺术效果。

双林寺各殿塑像共计 2000 余尊，多为明代所塑，少部分为清代补塑。寺内存有壁画 400 余平方米，宋、明、清、民国重修碑 9 通，明代铁钟 1 口，唐槐 1 株。

双林寺保存的彩塑集中反映了明代雕塑艺术的新成就，为古代彩塑的精华，双林寺因此被誉为“东方彩塑艺术的宝库”，在我国美术史上占有重要的地位。

双林寺千佛殿韦陀像

双林寺全景

双林寺千佛殿

# 平遥清凉寺

 晋中市平遥县卜宜乡永城村

 明代至清代

型 古建筑

2006年，被国务院公布为第六批全国重点文物保护单位。

平遥清凉寺创建于元至正二年（1342），明隆庆五年（1571）修缮，清雍正十三年（1735）重妆佛像。清凉寺坐北朝南，两进院落布局，占地面积1900余平方米。中轴线建有山门、中殿、正殿（七佛殿），两侧建配殿。

七佛殿面阔五间，进深六椽，单檐悬山顶，前檐设廊。梁架结构为七檩前廊式构架，外檐斗栱为五铺作双下昂，覆盆式柱础。前檐当心间及两次间均施四扇六抹隔扇门，梢间为槛墙、直棂窗，各间均施横披。

殿内佛坛上存明代彩塑佛像及胁侍菩萨像10尊。寺内存明隆庆五年（1571）《重修清凉寺碑》及清代维修碑各1通。

清凉寺七佛殿建筑雄伟，结构合理，精美的隔扇棂花保存完好，尽显明嘉靖年间重修时的时代特征，为研究晋中地区明代营造技术提供了参考实例。殿内彩塑形态秀美，技法高超，是研究晋中地区明代彩塑技艺不可多得的实物资料。

平遥清凉寺航拍图

平遥清凉寺七佛殿

平遥清凉寺七佛殿彩塑

# 北依涧永福寺过殿

位置：晋中市平遥县朱坑乡北依涧村

时代：明代至清代

类型：古建筑

2013 年，被国务院公布为第七批全国重点文物保护单位。

北依涧永福寺过殿创建年代不详，据寺内梁架题记及碑文记载，明成化五年（1469）重建，明弘治、万历及清康熙、乾隆年间均进行过修葺。永福寺坐北朝南，二进院落布局，占地面积 6500 余平方米。中轴线上由南向北依次建有天王殿、过殿、正殿，两侧建有钟鼓楼、东西配殿。寺院东、西建有禅院，寺南约 50 米处建戏台 1 座，与寺隔道相望。

过殿建在高台基上，面阔五间，进深六椽，单檐歇山顶。殿内梁架为七檩前廊式构架，梁底有“大明成化五年岁次己丑（1469）重建”题记。斗栱为五踩双下昂。前檐角柱略有生起，柱头有卷杀，柱础为素面覆盆式。

寺内保存清代石碑 1 通。

过殿用材较大、较规整，趋于官式，是明代平遥地区寺庙建筑的典型代表之一。

北依涧永福寺过殿

北依涧永福寺过殿内梁架结构

北依涧永福寺全景

佛

# 梁家滩白云寺

位置 晋中市平遥县卜宜乡梁家滩村

时代 明代至民国

类型 古建筑

2013 年，被国务院公布为第七批全国重点文物保护单位。

梁家滩白云寺创建年代不详，据寺内碑文记载，重修于明嘉靖十六年（1537），清乾隆、嘉庆、道光及民国年间曾增修、补葺。白云寺坐北朝南，四进院落布局，占地面积 7793 平方米。中轴线上由南向北依次建有山门、南殿、正殿、禅堂和古佛殿，东西两侧建有钟鼓楼、配殿、耳房等。

正殿为二层结构，底层为 7 孔砖券窑洞，殿后设八字形台阶，通至二层观音阁。观音阁面阔三间，卷棚硬山顶，梁架为六檩前后廊式结构。南殿面阔三间，进深六椽，梁架为七檩硬山前廊式，殿内存有 8 幅画轴式壁画。山门为二层结构，底层为 3 孔砖券窑洞，明间辟拱券门洞，二层建春秋楼，面阔三间，梁架为四檩硬山加前廊。

梁家滩白云寺依山筑基，就岩建屋，格局别具特色，建筑保存现状较好，具有较高的价值。

梁家滩白云寺全景

梁家滩白云寺正殿

梁家滩白云寺古佛殿

# 干坑南神庙

位置 晋中市平遥县古陶镇干坑村

 明代至清代

 古建筑

2013年，被国务院公布为第七批全国重点文物保护单位。

干坑南神庙创建年代不详，据庙碑记载，明正德年间已有，明嘉靖及清康熙、乾隆、嘉庆、道光、光绪年间屡有修葺。南神庙坐北朝南，三进院落布局，占地面积1907平方米。沿中轴线自南至北依次建有山门、戏台、正殿和后殿，两侧建东西配殿、厢房及耳殿。

正殿面阔三间，进深四椽，单檐悬山顶。梁架为五檩前廊式构架。檐下斗栱为三踩单昂。前檐明间装板门，次间为槛墙、直棂窗。殿内存有同期彩塑14尊。二进院东北角四角亭内现存石经幢1座，旁边为琉璃圣母冢，琉璃棺罩上雕佛传故事，棺罩已剥落，现嵌于墙壁，弥足珍贵。

庙内另存明重修碑2通，清重修、纪事碑6通。

干坑南神庙为供奉具足千光明菩萨所建，是国内唯一一座专门供奉具足千光明菩萨的寺庙，具有独特的价值。

干坑南神庙全景

干坑南神庙正殿

干坑南神庙琉璃圣母冢

# 襄垣慈胜寺

2013年，被国务院公布为第七批全国重点文物保护单位。

襄垣慈胜寺创建年代不详，据庙碑记载，重修于元至顺三年（1332），清乾隆五十五年（1790）、道光十五年（1835）屡有修葺。慈胜寺坐北朝南，两进院落布局，占地面积7000余平方米。中轴线仅存戏台、正殿，两侧为东西配殿，正殿两侧分别建东禅院和西禅院。

正殿为明代遗构，面阔三间，进深六椽，单檐悬山顶，屋顶正面施蓝、绿琉璃方心，琉璃剪边。殿内梁架为六檩前廊式构架。斗栱为五踩双下昂，明间平身科出45°斜昂。殿内原存壁画，现大部分被白灰覆盖。

戏台建在山门南40米处，进深五椽，卷棚硬山顶。台前明、次间的柱头承大额枋，枋上施五踩单昂斗栱，里外拽斗栱承双檩。明间补间斗栱两朵，次间如意斗栱各一朵，栱身、栱头分别浮雕半镂空的花卉。栱眼壁以花板填充，梁架施彩绘。

寺院内保存有元代、清代维修碑各1通，古柏4株。

慈胜寺格局基本完整，为研究明代地方建筑结构特征提供了实物例证。

位置 晋中市平遥县襄垣乡襄垣村

时代 明代至清代

类型 古建筑

襄垣慈胜寺全景

襄垣慈胜寺正殿前檐铺作

襄垣慈胜寺正殿

# 长则普明寺

位置：晋中市平遥县襄垣乡长则村

时代：明代至清代

类型：古建筑

2019年，被国务院公布为第八批全国重点文物保护单位。

长则普明寺创建年代不详，据梁架题记记载，明成化年间、万历年间曾进行过修葺。普明寺坐北朝南，一进院落布局，占地面积约1000平方米。中轴线上由南向北依次建有山门、正殿，两侧为东西配殿、东西厢房，院落整体呈四合院形式。

正殿为明代遗构，建在1.3米高的砖砌台基上，面阔三间，进深四椽，单檐悬山顶，屋顶为青灰脊饰，花脊筒。梁架为三架梁对前后单步梁用四柱。前檐斗栱为三踩单昂，后尾五踩双翘，柱头、平身科各一攒。前檐明间设板门，次间为槛墙、直棂窗，门窗加套，门簪、门枕俱全。屋面举折平缓，柱头、椽头卷杀，柱侧脚、墙体收分明显。殿内两山墙满布明代人物壁画，画工精湛，色彩艳丽，保存基本完好。殿内梁架为旋子彩画，保存基本完好，均为明代遗作。

长则普明寺保留了明中期地方建筑特征，屋面举折平缓，梁架用材规整，是研究明代建筑较为重要的实物资料。正殿、东配殿彩画保存基本完整，正殿壁画早期风格明显，是晋中壁画、彩绘的典型实例，具有较高的艺术价值。

长则普明寺航拍图

长则普明寺正殿

长则普明寺正殿内壁画

# 平遥城隍庙

位置 晋中市平遥县古陶镇平遥古城内城隍庙街

时代 清代

类型 古建筑

2006年，被国务院公布为第六批全国重点文物保护单位。

据清光绪版《平遥县志》记载，平遥城隍庙始建于明初，后部分建筑被大火焚毁，明嘉靖三十三年（1554）重修；清咸丰九年（1859）再次遭受火灾，除寝殿外悉为灰烬，同治三年（1864）至八年（1869）重修，并塑像160余尊。城隍庙坐北朝南，三进院落布局，占地面积6000余平方米。中轴线上由南向北建有牌楼、山门、戏楼、献殿、正殿和寝殿，两侧为钟鼓楼、配殿、碑亭等。

正殿面阔五间，中间带一间歇山抱厦，屋顶覆黄琉璃瓦，绿琉璃瓦剪边，檐下为和玺彩画。梁架为七檩前廊式构架。斗栱为五踩双下昂。殿内两山墙满绘《城隍出巡图》，两山廊心墙均绘《钟馗捉鬼图》。戏楼重檐二层歇山顶，斗栱为五踩双下昂。底层中辟券洞。献殿面阔五间，卷棚硬山顶，前檐明间出歇山顶抱厦，斗栱为五踩双下昂。

平遥城隍庙是古代官署建筑与寺庙建筑风格相融合的建筑群体，是研究平遥古城建置布局、道教发展以及民俗风情的实物遗存。

城隍廟
AAAAA
2015·7·20
全国旅游景区质量等级评定委员会
入口
Entrance
全国重点文物保护单位
平遥城隍廟
国务院
二〇〇六年五月二十五日公布
山西省人民政府立

平遥城隍庙牌楼

平遥城隍庙献殿

平遥城隍庙财神殿戏台八卦藻井

# 日昇昌旧址

位置 晋中市平遥县古陶镇平遥古城内西大街

时代 清代

类型 古建筑

2006年，被国务院公布为第六批全国重点文物保护单位。

日昇昌旧址坐南朝北，前临西大街，后达东郭家巷，左右与兴义隆钱庄、蔚泰厚票号旧址毗邻。旧址由东、中、西三座并列的院落组成，总占地面积约2478余平方米，共有房屋116间。东院是当年的“美和居”炉食铺，西院是“日新中”票号。中院铺面五间，三进院，临街铺面与中厅以及西院后厅、东西厢房为上下两层的木结构房舍，现存格局完整。现旧址辟为“中国票号博物馆”。

日昇昌票号是中国第一家票号，是由私人经营的专营银两汇兑、存放贷款的金融机构。其前身为“西裕成”颜料行，清道光三年（1823），财东李大全购置此院，将颜料行改为票号，取名“日昇昌”，并在全国设立35处分号。票号于光绪年间发展到鼎盛时期，享有“京都日昇昌汇通天下”之美誉。历任大掌柜有雷履泰、程清泮、郝可久、王启元、张兴邦、郭树柄、梁怀文等。1923年，改营钱庄为股份制，总号设在日昇昌票号后院，有北平、天津、太谷3处分号，总经理有白培兰、霍天一等，1948年歇业。

日昇昌票号在我国商业史和金融发展史上占有重要地位，为研究我国票号史、金融史提供了珍贵的实物资料。

日昇昌旧址铺面外景

日昇昌旧址账房内景

日昇昌旧址前院外景

紫垣樞極
輕重權衡千金日利
中西匯兑一紙風行
游览须知
RULES
Dangerous,inflammable and explosive items are forbidden.
Take good care of your things.
Don't touch or move anything.
Don't write on the buildings.
No smoking in the non-smoking areas.
No littering,No spitting.
Parents, please watch over your children.
You have questions,please ask at the information desk.
Price Complaint Hotline. 12358

# 平遥惠济桥

位置　晋中市平遥县古陶镇东城村

时代　清代

类型　古建筑

2013 年，被国务院公布为第七批全国重点文物保护单位。

平遥惠济桥横跨惠济河下游南北两岸，据碑文记载，始建于清康熙十年（1671），初为五联拱石桥，清康熙三十六年（1697）增为九联拱，乾隆、同治、光绪年间曾予补筑修葺，是保存较为完好的清代石拱桥。

惠济桥为南北走向，全长约 80 米，宽 7.4 米，桥面略呈弧形，石墩高 5 米。桥面以石板铺墁，中间 5 孔桥洞的拱券上方分别雕龙头、龙尾及水兽。桥两侧设望柱、栏板，浮雕珍禽异兽、吉祥花卉以及“福”“禄”“寿”字纹样。望柱头雕狮子、花蕾及“八宝”形象图案。

平遥惠济桥位于平遥古城东关之东侧，是平遥古城的重要组成部分，其跨度长，设计合理，结构精良，一直沿用至今，是研究我国古代桥梁建造技术的珍贵实物资料。

平遥惠济桥鸟瞰

平遥惠济桥近景

平遥惠济桥石雕望柱、栏板

# 南政隆福寺

位置　晋中市平遥县南政乡南政村

时代　清代

类型　古建筑

2013年，被国务院公布为第七批全国重点文物保护单位。

据清光绪版《平遥县志》载，南政隆福寺创建于元大德二年（1298），明代及清嘉庆五年（1800）重修，现存建筑为清代遗构。隆福寺坐北朝南，三进院落布局，总占地面积2954平方米。中轴线上由南至北依次建有影壁、山门、护法殿、大佛殿台基及大雄宝殿，东西两侧建有钟鼓楼、禅房、配殿、耳殿等。

大雄宝殿面阔五间，进深六椽，单檐歇山顶，屋顶彩色琉璃瓦覆盖，方心呈“隆福寺”字样图案，为后人重修时改制。檐下斗栱为五踩双昂。殿内梁架上有“清嘉庆五年（1800）补修正殿”题记。大雄宝殿内现存清代壁画约50平方米，内容以人物居多，表情惟妙惟肖，着色淡雅，线条流畅，手法古朴而老到，是清代壁画中的珍品。

南政隆福寺外景

南政隆福寺大雄宝殿转角斗拱

南政隆福寺大雄宝殿

隆福寺

# 雷履泰旧居

平遥县

位置：晋中市平遥县古陶镇平遥古城内书院街11号

时代：清代

类型：古建筑

2013年，被国务院公布为第七批全国重点文物保护单位。

雷履泰（1770—1849），平遥细窑村（今龙跃村）人，商贾世家出身，中国第一家以异地银两汇兑为主营、兼营存放款业务的私人金融机构——日昇昌票号创始人之一。

旧居建于清嘉庆末年至道光初年，是雷履泰中晚年居住和生活的地方。旧居坐北向南，由东西主院及东西偏院4座相互贯通的院落组成，共有房屋40余间，总占地面积5000余平方米。中轴线由南向北建有南厅、过道厅、内宅门、正房，东西两侧建厢房。

西院是旧居的主体，属平遥典型的“三宅两院过道厅”式格局。房舍建筑用材较大，造型粗犷，砖、木、石构件雕饰别致。正房上下两层，下层为3孔窑洞加前廊，廊柱为通柱，柱间施雀替；上层挑出勾栏平座，屋顶硬山式，前檐插廊，檐下以翼形栱和龙形耍头装饰。楼体东南设石雕楼梯，连通上下两层。

雷履泰旧居是平遥民居中的杰出范例，其整组院落主从分明，布局合理，功能齐全，保存完整，是研究票号创始人雷履泰和平遥传统民居建筑的珍贵文化遗产。

雷履泰旧居入口

雷履泰旧居一进院院景

雷履泰旧居一进院中厅

# 平遥市楼

位置：晋中市平遥县古陶镇平遥古城内南大街

时代：清代

类型：古建筑

2013年，被国务院公布为第七批全国重点文物保护单位。

平遥市楼始建年代不详，据碑记载，清康熙二十七年（1688）重修，乾隆二十二年（1757）、嘉庆十八年（1813）、同治九年（1870）、光绪三十一年（1905）、宣统三年（1911）均进行过修葺。

市楼坐北朝南，占地面积135平方米，平面呈方形，为三层歇山顶木构楼阁，通高18.5米，屋顶由孔雀蓝、黄、绿三色琉璃瓦覆盖。

底层面阔三间，南北向为通道，东西筑砖石台基，四角立通柱，外包砖墙。中设券门，四周围廊，柱间栏额、平板枋连接，其上施斗栱，为一斗二升交麻叶，明间平身科一攒。底层与二层间施平座，斗栱为五踩重翘，角科施附角斗，厢栱为鸳鸯交首栱。平座上施立柱，承二层檐檩。二层为重檐歇山顶，四周围廊，前后设隔扇门，内设神龛，南向供关圣大帝，北向祀观音大士，另有奎星。东西檐墙存有清代工笔淡彩壁画18.6平方米。上层檐下斗栱为七踩单翘双昂，平身科三攒。楼顶施彩色琉璃瓦，中间方心嵌镶成精美图案，南侧为“喜喜”，北侧为“寿”。

市楼下现存清代石碑11通，楼上存铁钟1口。

平遥市楼位处平遥古城中心，是古城内唯一的楼阁式高层建筑，风格别具特色，是研究平遥城市发展史、建筑史的重要实物。

平遥市楼正面

平遥市楼航拍图

平遥市楼内“三国故事”壁画

# 东大闫墓群

平遥县

位置 晋中市平遥县洪善镇东大闫村

时代 东汉

类型 古墓葬

2004年，被山西省人民政府公布为第四批省级文物保护单位。

东大闫墓群占地面积约为6万平方米，时代为东汉早期。

该墓群地表原有7座墓丘，现地表仅存4座，大者直径35.4米，小者直径26米。墓丘平面呈方形，边长约40米，残高3.5 ~ 8米。2001年，对6号墓进行了抢救性发掘。6号墓为并列式砖券多室墓，总长约40米，坐北向南，由墓道、墓室、双耳室及侧室组成。墓道呈斜坡状，长约25米。券顶墓门上有一高大的砖墙。墓葬已被盗，随葬品毁坏达95%以上，现所见者均为陶器残片，有少量红胎绿釉陶片以及带有红色彩绘的盘、碗等残片。可辨器形有罐、盒、案、井等。另外出土玉握1件、五铢钱1枚。

东大闫墓群是研究东汉时期丧葬文化、社会风俗文化的珍贵实物资料。

东大闫墓群全景

东大闫墓群近景

# 北常普音寺

位置：晋中市平遥县段村镇北常村

时代：明代至清代

类型：古建筑

2016 年，被山西省人民政府公布为第五批省级文物保护单位。

北常普音寺创建年代不详，据清光绪版《平遥县志》载，建于唐代，明天启年间重修，清代补葺。普音寺坐北朝南，两进院落布局，占地面积 1455 平方米。中轴线上由北向南依次建有山门、正殿，两侧为东西配殿、耳殿（西耳殿不存）。

正殿为明代遗构，面阔三间，进深四椽，单檐悬山顶，举折平缓，琉璃方心，前后檐出廊。梁架为三架梁搭前后单步梁通檐用四柱。檐下斗栱平身科、柱头科各一攒，形制基本相同，为五踩双下昂，共计七攒，明间平身科出 45°、60° 斜昂，昂嘴呈琴面式。柱础为素面覆盆式，柱头卷杀明显。整体构架虽为明代所建，但局部仍有元代遗风。殿内后檐设佛龛，木制屋檐、斗栱、垂莲柱，镂空雕刻花卉、卷草，满施彩绘。神台上塑有一佛二弟子像，正中大佛为释迦牟尼，结跏趺坐，浑身贴金，木雕背光，装饰华美。佛像两侧为迦叶和阿难，均为彩装。后檐墙存有明代佛教题材壁画 30 余平方米。

北常普音寺是一座完整的明清时期的佛教寺院，集明清建筑、彩塑、壁画于一寺，在现存明清寺庙中为数较少，壁画、彩塑作为山西现存明清佛寺较为珍贵的附属物，历史、艺术价值突出。

北常普音寺全景

北常普音寺正殿

# 东卜宜先师庙

位置 晋中市平遥县卜宜乡东卜宜村

时代 明代至清代

类型 古建筑

2021年，被山西省人民政府公布为第六批省级文物保护单位。

东卜宜先师庙创建年代不详，明清时期均进行过维修、补葺。先师庙坐北朝南，两进院落布局，占地面积2714平方米。中轴线上由南向北依次建有影壁、戏台、过殿、正殿，两侧为山门、罗汉殿、地藏殿、经堂，东侧建一座关帝庙。

戏台为明代遗构，面阔三间，进深六椽，重檐歇山顶，周匝回廊。前檐明间出歇山顶抱厦，柱吊垂莲。戏台正面明间屋顶为歇山式，重檐屋顶12个翼角伸向四面八方。台近方形，表演区较为宽广，戏台内墙上有多处早年演艺团体的墨迹。庙内现存古柏1株、清碑3通。

东卜宜先师庙戏台外观优美，结构独特，砖雕造型古朴，技法精湛，是研究明代早期戏台及砖雕艺术的实物标本，具有较高的历史价值。

东卜宜先师庙全景

东卜宜先师庙关帝殿

东卜宜先师庙戏台

# 杜村玉皇庙

平遥县

位置 晋中市平遥县中都乡杜村

时代 明代至清代

类型 古建筑

2021年，被山西省人民政府公布为第六批省级文物保护单位。

杜村玉皇庙创建年代不详，据庙内现存碑刻记载，清康熙、乾隆、道光、咸丰、光绪及民国时期屡有修缮。庙宇建于北堡门城（堡）台之上，坐北朝南，一进院落布局，占地面积1272平方米。中轴线由南向北建有南殿、正殿，两侧建钟鼓楼、东西配殿、东西垛殿、东西耳殿。

正殿为明代遗构，下层为3孔带前廊砖券窑洞，上层楼阁面阔五间，进深三椽，单檐硬山顶。梁架为四檩前廊式构架，前单步梁对后三架梁通檐用三柱。两梢间为耳殿。南殿为倒座式，下层为3孔带廊砖券窑洞，东窑内壁设通道，可登临台顶，上层建三间卷棚硬山后出廊式房屋，明间前出抱厦。

庙内现存清代石碑6通、古槐2株。

杜村玉皇庙全景

杜村玉皇庙院落环境

杜村玉皇庙东配殿廊下清代重修玉皇庙石碑

# 梁村积福寺

位置　晋中市平遥县岳壁乡梁村

时代　明代至清代

类型　古建筑

2021 年，被山西省人民政府公布为第六批省级文物保护单位。

据寺内清嘉庆五年（1800）石碣记载，梁村积福寺始建于大唐贞观二年（628），元至元八年（1271）修缮，元贞二年（1296）扩建正殿，明嘉靖十六年（1537）、清乾隆十九年（1754）及乾隆五十二年（1787）均进行过修缮。寺院坐北朝南，二进院落布局，总占地面积 1240 平方米。中轴线由南向北依次建有影壁、山门、前殿（天王殿）、正殿、后殿（仅存台基）、渊公塔，两侧建有钟鼓楼、东西禅院正窑及东禅院东窑。

正殿为明代遗构，面阔五间，进深五椽，单檐悬山顶，屋顶琉璃剪边，廊檐下施三踩单翘斗栱。前殿为清代遗构，面阔三间，进深五椽，单檐悬山顶，带前廊，廊檐下施三踩单翘斗栱。

寺内现存明代石碑 1 通，清代石碑 2 通、石碣 1 方，清代古钟 1 口。

梁村积福寺全景

梁村积福寺正殿

梁村积福寺钟楼

# 庞庄普恩寺

位置 晋中市平遥县朱坑乡庞庄村

时代 明代至清代

类型 古建筑

2021 年，被山西省人民政府公布为第六批省级文物保护单位。

据清光绪版《平遥县志》及庙内现存碑记载，庞庄普恩寺创建于唐贞观七年（633），明正德年间、万历十七年（1589）及清康熙年间、乾隆十六年（1751）屡有修缮。普恩寺坐北朝南，三进院落布局，占地面积 3052 平方米。中轴线由南向北建有天王殿、中殿和正殿，两侧建有娘娘殿、龙王殿及配殿、厢房。现存建筑天王殿、龙王殿、娘娘殿为明代遗构，其余皆为清代建筑。

天王殿面阔三间，进深四椽，单檐悬山顶。梁架为前后双步梁对中柱通檐用三柱。前后檐下为三踩单昂斗栱，柱头、补间各一朵，明间补间施如意斗栱。梁架举折平缓，柱头卷杀。正殿为 5 孔带前廊窑洞，檐下阑额、雀替、随檩枋承托檐檩。明、次间为十字窑式，两梢间单开门。

寺内现存明清壁画 32 平方米、明清彩绘 46 平方米，明、清石碑各 1 通。

庞庄普恩寺全景

庞庄普恩寺天王殿

# 赵壁子夏庙

位置 晋中市平遥县东泉镇赵壁村

时代 明代至清代

类型 古建筑

2021年，被山西省人民政府公布为第六批省级文物保护单位。

赵壁子夏庙，当地人俗称“高庙”“文庙”，创建年代不详。庙坐北朝南，一进院落布局，占地面积941平方米。中轴线上由南向北建有戏台、正殿，两侧为东西配殿，东耳殿，东南角建掖门。现存建筑中正殿为明代建筑，其余皆为清代建筑。

正殿建在高1.6米的砖砌台基上，面阔三间，进深四椽，单檐悬山顶。梁架为前单步梁对后四架梁通檐用三柱，后人修缮时在四架梁下置两根支柱。前檐施三踩单昂斗栱。前檐柱用覆盆式柱础石。前檐明间辟板门，次间为槛墙，设直棂窗。殿内两山墙残存壁画6平方米。戏台倒座，十字窑前檐带廊，廊部为单坡硬山顶，有明柱4根，上承大额枋，其上施大斗，翼形栱加翅，象头形耍头。

庙内现存清代石碑2通。

赵壁子夏庙全景

赵壁子夏庙正殿

# 岳封五岳庙

位置 晋中市平遥县宁固镇岳封村

时代 明代至清代

类型 古建筑

2021年，被山西省人民政府公布为第六批省级文物保护单位。

岳封五岳庙创建年代不详，据正殿梁栿题记载，明洪武十七年（1384）、嘉靖三十六年（1557）及清康熙五十二年（1713）、乾隆五十六年（1791）屡有修葺。庙坐北朝南，两进院落布局，占地面积950平方米。中轴线由南向北依次建有山门、中殿、正殿，两侧为钟鼓楼、配殿、耳殿，庙南建一座戏台，与庙隔道相望。现仅存正殿、二进院之西配殿和东耳殿。现存建筑中正殿为明代遗构，其余皆为清代建筑。

正殿建在高0.8米的砖砌台基上，面阔三间，进深六椽，单檐歇山顶，前檐明间出卷棚歇山式抱厦。殿内无金柱，彻上露明造，四角的抹角梁之梁头与柱头斗栱相交。

庙内现存明代壁画14平方米、彩绘63平方米。

岳封五岳庙正殿

岳封五岳庙正殿梁架结构

# 梁官洪济寺

平遥县

位置：晋中市平遥县襄垣乡梁官村

时代：明代至民国

类型：古建筑

2021年，被山西省人民政府公布为第六批省级文物保护单位。

梁官洪济寺创建年代不详，坐北朝南，两进院落布局，占地面积3094平方米。中轴线由南向北建有戏台、山门（不存）、中殿、后殿，两侧为钟鼓楼（不存）、东西配殿、东耳房。根据梁架结构判断，现存建筑中殿、后殿为明代建筑，戏台、东配殿、西配殿、东耳房为清代建筑，其余皆为民国建筑。

后殿面阔三间，进深五椽，单檐悬山顶。梁架为六檩前后廊式构架。柱头斗栱为五踩双下昂，平身科明间两攒、次间一攒，正心枋承檐檩下皮。中殿面阔三间，进深四椽，单檐悬山顶。梁架为五架梁通达前后檐，通檐用两柱。柱头斗栱为三踩单下昂，补间各一攒。戏台面阔三间，进深五椽，卷棚硬山顶。梁架为六架梁通达前后檐，通檐用两柱。

寺内现存明代壁画80平方米、清代壁画10平方米、明清彩绘68平方米。

梁官洪济寺全景

梁官洪济寺中殿

梁官洪济寺后殿

# 七洞关帝庙

晋中市平遥县段村镇七洞村

清代

古建筑

2021年，被山西省人民政府公布为第六批省级文物保护单位。

七洞关帝庙创建年代不详，据庙内碑文记载，清乾隆四十一年（1776）重修戏台，道光九年（1829）于关帝庙前增修文昌宫（又名“吉星楼”）。关帝庙坐北朝南，二进院落布局，占地面积2032平方米。中轴线由南向北建有文昌宫、戏台、二门、献亭、正殿，两侧为东西配殿、东西碑亭、东西耳房。现存建筑皆为清代遗构。

正殿建在高0.45米的台基上，面阔五间，进深四椽，双坡硬山顶。梁架为五檩前廊式构架。前檐额枋、平板枋之上施大斗翼形栱，耍头为龙首。戏台面阔三间，前为歇山顶，后为硬山顶，采用勾连搭建筑形式。额枋、平板枋之上施大斗翼形栱。

庙内现存清代壁画5平方米、清代石碑12通、民国石碣1方、清代神龛1座。

七洞关帝庙山门

七洞关帝庙文昌宫

七洞关帝庙石雕碑亭

# 西赵观音堂

位置 晋中市平遥县东泉镇西赵村

时代 清代

类型 古建筑

2021 年，被山西省人民政府公布为第六批省级文物保护单位。

据清康熙五十一年（1712）碑刻记载，西赵观音堂始建年代不晚于金代，元至大元年（1308）、清康熙年间重建，清乾隆、嘉庆、道光、宣统年间均进行过修葺。观音堂坐北朝南，一进院落布局，占地面积 1692 平方米。中轴线上由南向北依次建有戏台、正殿，两侧建掖门、配殿、耳房。现存建筑皆为清代遗构。

正殿为二层结构，下层为 3 孔带前廊砖券枕头窑，上建木构殿宇，单檐硬山顶。梁架为三架梁通达前后檐，通檐用三柱。戏台倒坐，建于 1.5 米高的砖砌台基上，单檐硬山顶。前檐明间存清光绪匾联一套，为清代“宁夏八大商号”之一“祥泰隆”股东董枢所题。

堂内现存清代壁画 20 平方米、清代石碑 12 通。

西赵观音堂正殿

西赵观音堂清代组合式石碑

# 北长寿关岳庙

位置 晋中市平遥县洪善镇北长寿村

时代 清代至民国

类型 古建筑

2021 年，被山西省人民政府公布为第六批省级文物保护单位。

北长寿关岳庙创建年代不详，据现存碑刻记载，清乾隆年间重修，同治年间被汾水淹没，1922—1924 年重修。关岳庙坐北向南，两进院落布局，占地面积 1149 平方米。中轴线由南向北依次建有戏台、山门、正殿，两侧建有钟鼓楼、厢房、配殿及耳殿。现存建筑中东西配殿及东西厢房为民国建筑，其余皆为清代遗构。

正殿面阔三间，进深五椽，单檐硬山顶。梁架为前单步梁对后五架梁通檐用四柱。前檐下斗栱为五踩双下昂，砖雕墀头，屋面为花脊筒。戏台位于山门外正前方约 70 米处，面阔三间，进深五椽，卷棚硬山顶。梁架为六架梁通达前后檐，通檐用两柱。前檐廊柱采用移柱法，前檐施三踩单昂斗栱。山门倒座，面阔五间，进深两椽，单檐硬山顶。外檐明间抬高，设歇山顶，次、梢间为廊，明间设板门，板门上匾额楷书“关岳庙”三字。

庙内现存壁画 94 平方米、彩绘 78 平方米、清至民国石碑 6 通。

北长寿关岳庙远景

北长寿关岳庙正殿内清代“三国故事”壁画

# 平遥鸣凤书院

晋中市平遥县古陶镇顺城路平遥火柴厂旧址内

清代至民国

古建筑

2021 年，被山西省人民政府公布为第六批省级文物保护单位。

据清代《冀氏族谱》及近几年调研成果，清乾隆中期、清道光十七年（1837）、清咸丰六年（1856）均有关于鸣凤书院的记载，故可推断书院创建年代不晚于清初。书院坐北朝南，总占地面积 1830 平方米，由主院、东西偏院三座院落组成，三院相对独立，又相互贯通。主院与东偏院均为二进院落布局，西偏院原为花圃、鱼池。主院中轴线上由南向北依次建有院门、过厅、正房，两侧建厢房。现存建筑中东偏院讲堂及二院门为民国建筑，其余皆为清代遗构。

主院正房面阔五间，进深四椽，单檐硬山顶，明间前建月台。东偏院正房面阔五间，进深三椽，单坡硬山顶，明间设抱厦。东偏院讲堂面阔三间，进深三椽，单檐庑殿顶，四周设回廊。西偏院由正房、花圃、鱼池等组成，正房面阔三间，进深三椽，单檐硬山顶。

鸣凤书院为平遥城内上西门街冀氏家族私家创设之书院，主要供本族及亲友子弟读书。虽属私家创办，但在历史上曾发挥过重要作用，不仅为冀氏宗族培养了诸多人才，也为振兴当地之文风做出了积极的贡献。该书院是平遥境内唯一保存完整的清代私家书院。

平遥鸣凤书院东偏院庑殿顶讲堂

平遥鸣凤书院东偏院里院院门

# 旌介遗址

位置：晋中市灵石县静升镇旌介村

时代：商代

类型：古文化遗址

1996年，被国务院公布为第四批全国重点文物保护单位。

旌介遗址是一处极为重要的商代方国遗址，1976年、1985年和1987年前后3次发掘，发现商代土坑竖穴墓4座、粮仓6座及车马坑1座，年代相当于殷墟文化四期。

1号墓南北长3.84米，东西宽2.22米，墓向190°。底部正中有腰坑，坑内有殉狗。葬具为一椁三棺，椁盖上有席子和丝织物痕迹，席子位于上层，下层的丝织物红、黄、黑三色交杂，有明显的弧线等几何图案。中间为男性墓主人，葬式为仰身直肢；左右各葬一名女性，侧身直肢，面向男性墓主。墓室两侧的填土中各有一只殉狗，墓主人的脚部上方填土中发现一具殉人，侧身直肢，面向墓主人。墓内南侧中部填土中出土牛头骨一个，墓底椁室外东北角出土鼍鼓一个。随葬品多置于三棺之中或三棺之上，主要包括青铜器和玉器，其中青铜器主要有鼎、簋、尊、卣、斝、罍、觯、觚、爵、矛、戈、镞、铃、弓形器、兽首管状器等，玉器主要有玉鱼、玉管、玉璜等。

2号墓东西长3.4米，南北宽2.2米，墓向110°。墓圹底部腰坑内发现一只殉狗，面向北，作侧卧状。葬具为一椁两棺。椁盖上也有席子和丝织物。左侧棺葬一名男性，葬式为仰身直肢；右侧棺葬女性，面向男性，侧身直肢。墓室西北角的填土中有一具男性人骨架，葬式为仰身直肢，头骨被分成两半，应该是被处死后殉祭，在其胸部发现一枚贝。墓室东部正

旌介遗址现状

中有完整的牛腿骨，腿骨附近还有一件陶鬲。墓中共出土青铜器、玉器、陶器、骨制品、贝等随葬品 87 件，青铜器最多。椁室东部主要随葬青铜戈和矛，以 2 件或 3 件为一组，有规律地放置在男性墓主胸部两侧。西部以墓主人腿部以下为中心放置铜礼器和炊具，主要有鼎、簋、觚和爵等；股部有弓形器、镞和刀等。玉器置于男、女墓主人的头部和腰部。

3 号墓位于 2 号墓北约 50 米处，因发现时已遭破坏，形制不明确，出土青铜器 17 件，包括鼎、尊、卣、觥、觯、爵、觚、戈、钺等。

三座墓葬出土的青铜器上大多数有族氏铭文，其中以“丙”出现比例最高，应是族徽或标志，说明此处应是“丙”族的族墓地。该墓地的发现，为研究商王朝政治地理结构提供了重要资料。

旌介遗址 M2 发掘现场

旌介遗址 M1 出土青铜簋

旌介遗址 M1 出土青铜鼎

# 灵石后土庙

位置　晋中市灵石县静升镇静升村西

时代　元代

类型　古建筑

2006年，被国务院公布为第六批全国重点文物保护单位。

灵石后土庙创建年代不详，据正殿悬梁题记记载，元大德八年（1304）重修，明、清均进行过修葺。后土庙坐北朝南，占地面积3591平方米，中轴线上仅存献亭、正殿，均为元代建筑。

正殿位于庙院中轴线北端，面阔三间，进深六椽，单檐悬山顶。梁架为五椽栿对前劄牵，前出廊，通檐用三柱，两山砌筑五花山墙。前檐斗栱分柱头铺作和补间铺作，补间铺作材宽、出跳同柱头铺作，不同之处为补间铺作不设劄牵，均为四铺作单下昂，共计7朵。前檐内槽各间均辟设四扇六抹斜方格隔扇。

献殿位于庙院中轴线正殿南侧，平面呈正方形，面阔、进深各一间，单檐歇山顶，四面为敞廊。覆盆式柱础。檐下斗栱密致，周檐斗栱分转角铺作和补间铺作，为六铺作重栱三下昂里转三杪，计心造。斗栱里转承井口枋、抹角栿，形成斗八藻井。

庙内现存明正德五年（1510）碑1通、清乾隆四十六年（1781）碣1方。

灵石后土庙是山西省现存时代最早的四处元代后土庙之一，属于汉以来汾脽后土信仰体系中的北部支系，是后土信仰极盛时期在山西省内兴建的后土庙，也是金元以来介休后土行宫信仰圈中全真教道场体系的典型代表建筑。

灵石后土庙正殿

灵石后土庙全景

灵石后土庙献殿

灵石后土庙献殿藻井

# 晋祠庙



位置 晋中市灵石县静升镇马和村

时代 元代至清代

类型 古建筑

2006 年，被国务院公布为第六批全国重点文物保护单位。

据碑文记载，晋祠庙始建于元至正三年（1343），明嘉靖、隆庆、万历年间曾先后三次补修。晋祠庙坐北朝南，二进院落布局，占地面积 2429 平方米。中轴线上由南向北依次为戏台、献殿、正殿，东西两侧存有鼓楼及配殿。现存正殿、献殿为元代建筑，其余为明清建筑。

正殿亦称“昭济圣母殿”，建于元至正三年（1343），石砌台基，殿身面阔三间，进深四椽，单檐悬山顶，前檐辟廊。殿内梁架为四椽栿对前后劄牵用四柱，檐下柱头斗栱为六铺作单杪双下昂。前檐明间辟板门，两侧窗户已被后人改制。古镜式柱础。殿内梁栿用材硕大，圆木稍加砍斫，风格粗犷，具有显著的元代特征。

献殿平面呈方形，面阔、进深各一间，单檐歇山顶。檐柱粗壮，覆盆式柱础，四向敞朗。檐下除角柱外，每面均设 3 朵斗栱，形制为五铺作双下昂。

庙内现存元至正三年（1343）石碑 1 通、石狮 2 尊。

晋祠庙是目前山西除太原晋祠外唯一保存完整的祭祀晋国始祖唐叔虞的宗祠，为研究山西地区的历史文化提供了重要的实物资料。

晋祠庙全景

晋祠庙正殿

晋祠庙献殿梁架结构

晋祠庙献殿

晋祠庙戏台

# 资寿寺

位置 晋中市灵石县静升镇苏溪村

时代 明代

类型 古建筑

2001 年，被国务院公布为第五批全国重点文物保护单位。

资寿寺创建于唐咸通十一年（870），宋咸平二年（999）重修，金末被焚毁，元泰定三年（1326）再次重修，明初再废，明成化三年（1467）重建，至天启二年（1622）初具规模，清代又曾补葺。资寿寺坐北朝南，占地面积 1.2 万平方米，分前、后两院，平面呈长方形。前院中轴线上由南向北有山门、仪门、金刚殿、天王殿，两侧为钟鼓楼，东西配殿；后院正中为大雄宝殿，左右为弥陀殿、药师殿，两侧配殿分别为地藏殿、二郎殿、弥勒殿、三大士殿。

天王殿建于明成化三年（1467），面阔三间，进深六椽，单檐悬山顶。檐下斗栱为三踩单翘，前、后檐明间辟板门。殿内两侧分塑四天王像。身高均在 3 米左右，人物面部生动饱满，造型威武逼真。

大雄宝殿面阔三间，进深六椽，单檐悬山顶，前檐插廊。梁架为七檩前廊式构架。斗栱为五踩双下昂。明间设四扇六抹隔扇门。殿内正中供法身、报身、应身三身佛。东西两壁满绘东方三圣、释迦牟尼说法壁画。

寺内存有元、明、清、民国历代碑刻 15 通，彩塑 150 余尊，残经幢 1 座。三大士殿保存的 23 尊明代彩塑，体型优美，神态各异，栩栩如生，是我国现存明代彩塑中的珍品。

资寿寺航拍图

资寿寺大雄宝殿壁画

资寿寺药师殿

资寿寺大雄宝殿

# 王家大院

位置：晋中市灵石县静升镇静升村

时代：清代

类型：古建筑

2006 年，被国务院公布为第六批全国重点文物保护单位。

王家大院是晋中官商大族王家的聚落宅院，被誉为“华夏民居第一宅”。该大院始建于明万历年间，完成于清嘉庆十六年（1811），现存建筑多为清康熙至嘉庆年间修建。大院坐北朝南，自西向东、由低到高逐渐扩展，形成了“五巷六堡五祠堂”的庞大建筑群，总面积达 25 万平方米。大院由高家崖、红门堡两部分组成，共有院落 123 座、房屋 1118 间，是黄土高坡上全封闭的城堡式建筑。

高家崖建筑群周边堡墙高筑，四门择地而设，轴线布局规整有序。红门堡建筑群依山就势，北高南低，呈斜坡式层层递进，平面布局呈王字形。司马院位于红门堡二甲西巷，是王氏十六世孙王寅德的宅院。该院落特点为“一关辖三门，三门通四院”。四座院落主题各异，分别为加官、进禄、增福、添寿。

王家大院的砖雕、木雕、石雕题材丰富，技法娴熟，大量采用了世俗观念认可的各种象征、隐喻、谐音甚至禁忌的艺术形式，在文人、画家、雕刻艺人的共同参与下，将花鸟鱼虫、山石水舟、典故传说、戏曲人物或雕于砖，或刻于石，或镂于木，体现了清代建筑的装饰风格，将儒、道、佛思想与传统民俗文化凝为一体，具有重要的历史和艺术价值。

王家大院入口

王家大院航拍图

王家大院凝瑞居前院

王家大院凝瑞居后院雀替

王家大院红门堡照壁

# 静升文庙

位置：晋中市灵石县静升镇静升村

时代：明代至清代

类型：古建筑

2013年，被国务院公布为第七批全国重点文物保护单位。

据明万历二十九年（1601）《灵石县志》及庙内碑文记载，静升文庙始建于元至顺三年（1332），于后至元二年（1336）竣工，明、清及民国年间多次修缮，至今保存元代风貌。文庙坐北朝南，由东、中、西三座院落组成，占地面积3500平方米。中院为两进院落布局，中轴线上由南向北依次建有影壁、棂星门、泮桥、大成殿、尊经阁等，左右建有廊庑，东南角建一座四层六角魁星楼；东院建有义仓等；西院为明伦堂，单独成院，内设学宫。现存建筑除大成殿为明代建筑外，余皆为清代建筑。

大成殿建于高0.95米的砖砌台基上，面阔三间，进深五椽，单檐悬山顶。梁架为六檩前廊式构架，外檐斗栱为三踩单翘。庙前影壁为该庙建筑中的精品，壁心为22.8平方米，高3米，宽7.6米，厚1米，双面镂空雕“鲤鱼跃龙门”图案，以镂刻分块法砌筑而成，双面同一规格、同一内容，整个画面富有动感，气势恢宏，经专家考证，为元代遗物，是不可多得的艺术珍品。

庙内存有明清碑碣10通、古柏6株。

静升文庙是元代乡村文庙的典范，在礼制森严的历史阶段，文庙常立于郡邑州县，鲜有乡村建造，静升文庙是有明确记载、以州县学制建造的乡村文庙，是自上而下的儒学尊崇在民间底层的真实写照，其院落形态与附属文物对研究静升古镇村社里甲的社会结构具有重要意义。

静升文庙航拍图

静升文庙大成殿

静升文庙棂星门

静升文庙魁星楼

# 夏门古堡

位置 晋中市灵石县夏门镇夏门村

时代 明代至清代

类型 古建筑

2016年，被山西省人民政府公布为第五批省级文物保护单位。

夏门古堡始建于明朝万历中期，清光绪年间建成，历时300余年。古堡建在秦王岭的龙头岗上，依山而建，顺坡而上，现存大小院落60余座，主要的院落有大夫第、御史府、知府院、深秀宅、后堡门外院落、道台院、百尺楼等。古堡内还存有关帝庙、土地祠、文峰塔等建筑，历史街巷共9条。

百尺楼为夏门梁家宅院建筑的一部分，因建筑高约百尺，故名。楼创建于清乾隆三十年（1765），坐东南朝西北，依山势而建，前傍汾河，通高40米，砖木构四层券窑式建筑，面阔15米，进深4米，单檐硬山顶。每一层均设台阶，可登上层，每层正面均设拱券门窗，四层梁架为四檩前出廊式。

古堡内主要的建筑、街巷都完整地保存了下来，建筑奇巧，高低错落，宅院之间或以天桥东西平行相连，或以暗道南北上下互通，具有十分重要的历史、科学和艺术价值。

夏门古堡远景

夏门古堡百尺楼

# 洪山窑址

介休市

位置　晋中市介休市洪山镇洪山村、磨沟村一带

时代　宋代至清代

类型　古文化遗址

2006 年，被国务院公布为第六批全国重点文物保护单位。

洪山窑址从宋代延续至明清时期，是山西著名的宋金时期窑场。窑址范围内地形南高北低，依山分布大量瓷片遗存，形成很大面积的窑址分布区。

洪山早期以烧制白瓷为主，以后各种品种相继出现。现存窑址中，喊车沟时代较早，面积最大，约 4 万平方米，文化层厚 3—4 米。洪山窑白瓷有粗细之分，细胎白瓷的烧造量较大。资料显示，洪山窑的白瓷烧造在山西地区宋金时期居较高水平，虽在烧造规模、历史影响等方面逊于定窑，但其透光度、白度以及独特的器物式样和烧造技法，对周围地区的一些窑场曾产生重要影响。据史料记载，北宋前期的大中祥符元年 (1008) 之前，官府已在洪山设有“瓷窑税务”。熙宁十年 (1077)，洪山务纳税 736 贯，同时期河北定窑中心窑场曲阳务纳税 811 贯，可见当时洪山窑的生产已具相当规模。

洪山窑址历经千年沧桑，有丰厚的古瓷窑历史文化积淀，为研究古陶瓷生产、工艺、发展、演变提供了翔实的资料。

洪山窑址文化堆积层

# 张壁古堡

位置 晋中市介休市龙凤镇张壁村

时代 宋代至清代

类型 古建筑

2006年，被国务院公布为第六批全国重点文物保护单位。

张壁古堡创建年代不详，元末明初时，由张、贾、王、靳“四大家族”重新修建。古堡建于黄土丘陵上，顺地势修建，平面呈不规则形，占地面积约12万平方米。堡内地势南高北低，南、东、北三面环筑堡墙，长1.3千米。堡墙夯筑，厚约3米，高约10米。古堡南北向辟门，北门为砖石砌筑，内有瓮城，南门为石砌。两门间为石头街，宽约5米，长约300米，沿主街两侧布数条巷道。整个堡寨无一十字路口，均为设防性的丁字路口。堡内现存二郎庙、三大士庙、真武庙、空王佛殿、可汗王庙、吕祖阁等庙宇，南门旁有关帝庙，均为清代所建。堡内还有数十座具有晋中地方民居特色的明清宅院，民居与堡墙留有间距，民宅大门均朝向巷街，门窗不对主街，利于隐蔽防御。

张壁古堡地道修建年代不详，相传为隋末刘武周的偏将尉迟恭据守此地时修筑。地道分为上、中、下三层，纵横交错，四通八达，总长约1.3万米，现已清理出1300余米，最浅处距地表不足2米，最深处距地表20余米。在上、中层之间有防御设卡的隘口、闸口或陷阱，下层设储粮仓、屯兵洞及马厩。地道与地面设有通风口，其出口有的通向地面的庙宇，有的通向民宅，有的通向村外。

据正房梁架题记载，张壁古堡户家园2号院为清乾隆四十四年（1779）修建，20世纪70年代及2005年维修，占地面积600平方米。2号院坐北朝南，分东西两院。东院中轴线由南向北依次为大门、过厅、厨房，两侧为耳房，大门门额题“澹宁”。过厅面阔三间，进深四椽，单檐卷棚硬山顶，五檩前廊式构架，鼓形柱础，木雕荷叶形垫木，花卉雀替。明间施两扇六抹隔扇门，次间筑槛墙、置窗。西院为四合院布局，现存南厅、正房及东西厢房，东南设门，通往东院，门额题“正家风”。正房面阔三间，进深三椽，单檐硬山顶，四檩前廊式构架，鼓镜式柱础，木雕“二龙戏珠”、花卉等挂落，檐部及门头板施彩绘。明间施四扇六抹隔扇门，外装帘架，透雕人物、花卉、博古图案。

张壁古堡不仅具有村堡设防的军事历史价值，也为研究民族交融、民俗、民宅等提供了重要的实物资料。

张壁古堡二郎庙

张壁古堡南门及堡墙

张壁古堡地道

# 介休东岳庙

位置 晋中市介休市绵山镇小靳村

时代 元代至清代

类型 古建筑

2006年，被国务院公布为第六批全国重点文物保护单位。

介休东岳庙创建年代不详，元至元七年（1270），明万历十八年（1590），清道光二十四年（1844）、咸丰十年（1860）均进行过修葺，1995年、2020年进行了维修。东岳庙坐北朝南，三进院落布局，占地面积3955平方米。中轴线上由南向北依次为照壁、山门、戏台、献殿、正殿、圣母宫，戏台两侧设钟鼓楼，二进院两侧设东西厢房，三进院东侧原有一列厢房，现厢房塌毁，仅残存一过门。

正殿面阔五间，进深六椽，重檐歇山顶，孔雀蓝琉璃脊刹、吻兽，上檐为孔雀蓝琉璃瓦剪边，下檐为绿琉璃剪边。梁架为前后单步梁对七架梁。上檐斗栱为三踩，下檐斗栱为一斗二升。廊柱柱础为须弥座与鼓镜组合式，衔接部分雕兽面。献殿面阔三间，进深五椽，单檐歇山卷棚顶，黄、绿琉璃装饰，前檐明间出歇山顶抱厦，斗栱为五踩双下昂。山门面阔三间，进深四椽，单檐硬山琉璃瓦顶，透雕龙形、象鼻雀替，鼓镜式柱础。

庙内现存彩塑39尊、碑刻14通、碣3方、旗杆石2根。

介休东岳庙布局完整，建筑优美，地方文化特色浓厚，是一座荟萃元至清代建筑艺术、匠师技作的实物例证。

介休东岳庙山门

介休东岳庙戏台

介休东岳庙献殿

# 回銮寺

位置：晋中市介休市绵山镇兴地村

时代：元代至清代

类型：古建筑

2006年，被国务院公布为第六批全国重点文物保护单位。

回銮寺原名“灵溪寺”，据碑刻记载，唐僖宗中和年间遭兵燹，惠公禅师徒弟重建，后赴长安请额，赐号“回銮”。金天会、大定年间及元至大元年（1308）重建，清康熙二十五年（1686）至四十一年（1702）进行过维修。回銮寺坐北朝南，二进院落布局，占地面积6562平方米。中轴线由南向北依次为天王殿、大雄宝殿和藏经阁，两侧为东西配殿、耳殿及厢房。现存大雄宝殿、天王殿为元代遗构，余皆为明清建筑。

大雄宝殿位于中部，据大殿题记记载，元至大元年（1308）重建，面阔五间，进深六椽，单檐悬山顶，黄、绿琉璃瓦剪边。梁架结构为彻上露明造，四椽栿对前后劄牵通檐用四柱。当心间襻间枋下有“大元国至大元年岁次戊申二十七日壬午丁未时重建”墨书题记。明间施板门，上悬“大雄宝殿”木匾1方，次间置直棂窗，梢间用砖砌筑墙体。

寺内现存金大定二十五年（1185）《重修回銮寺记》碑1通，明重修记事碑5通、碣1方，清记事碑10通、碣1方，民国碑1通，前蜀光天元年（918）《大悲心陀罗尼至妙幢》、宋淳化三年（992）《慈口真言》等经幢3座，明代塑像3尊以及张兰镇下梁村显圣寺石刻造像3尊。

回銮寺历经修缮，承载了寺院的发展历程；现存建筑展现了元代至清代当地建造工艺的演变过程；留存的碑刻，彩塑等附属文物呈现出不同时期的文化差异及艺术风格，具有较高的研究价值。

回銮寺大雄宝殿

回銮寺天王殿

# 介休后土庙

晋中市介休市北关街道庙底街

明代至清代

古建筑

2001年，被国务院公布为第五批全国重点文物保护单位。

介休后土庙是一处道教全真派庙堂建筑，创建年代不详，据明正德十四年（1519）重建碑记载，宋仁宗皇祐元年（1049）敕修，元大德七年（1303）毁于地震，延祐五年（1318）复建，明洪武、正德年间多次重修，清道光十五年（1835）补葺。后土庙坐北朝南，由南北两纵、东西一横三条轴线围合而成一个封闭的建筑群体，占地面积9196平方米。西侧纵轴线为主轴线，从南向北依次为影壁、天王殿、护法殿、献殿、三清楼、后土圣母殿。东侧轴线由山门、过殿、娘娘殿组成。第三条轴线由西向东依次横向排列吕祖阁、关帝庙和土神庙。现存建筑除三清楼（乐楼）为明代建筑外，余皆为清代建筑。

三清楼创建于明正德十四年（1519），为二层三檐十字歇山顶楼阁式建筑，前半部为三清楼，后半部为乐楼，二者勾连一体，楼顶皆用黄、绿琉璃瓦覆盖。楼内正中奉太清、玉清、上清“三清”塑像。上层四向敞朗，楼顶以井字形梁架结成十字歇山式屋顶，内雕八角形藻井，上画八卦图案。三清楼、乐楼结构精巧，二楼体互为勾连，为明清楼阁式建筑中难得一见的精品。

后土大殿系清道光十三年（1833）重建，面阔五间，进深三间，重檐歇山顶，黄琉璃覆顶。梁架为前单步梁对五架梁通檐用三柱，下檐斗栱为五踩双昂，上檐斗栱为七踩三昂，雀替透雕龙形，前檐明、次间均设隔扇门。

介休后土庙后土大殿

介休后土庙乐楼

介休后土庙献亭

庙内现存明代彩塑千余尊、石碑 8 通、碣 1 方。

介休后土庙内所有建筑的屋顶均用琉璃瓦及琉璃部件覆盖，有黄、绿、蓝、白、赭等五彩，被誉为“三晋琉璃艺术博物馆”。介休后土庙布局完整，建筑、琉璃、彩塑等展现了不同时期的历史文化信息，具有较高的研究价值。

# 介休城隍庙

位置 晋中市介休市北关街道东大街

时代 明代至清代

类型 古建筑

2013年，被国务院公布为第七批全国重点文物保护单位。

介休城隍庙创建年代不详，据庙内碑文记载，明弘治八年（1495）、嘉靖四十五年（1566）至隆庆四年（1570）及清雍正二年（1724）、嘉庆十九年（1814）均进行过修葺。城隍庙坐北朝南，占地面积近1万平方米。中轴线由南向北建有山门、戏台、献殿、正殿、养生池、寝殿，两侧为钟鼓楼、配殿及耳殿。除正殿为明代遗构外，其余为清代建筑。

正殿面阔七间，进深六椽，重檐歇山顶，黄、绿色琉璃脊饰，绿琉璃瓦剪边。梁架为前后单步梁对五架梁，四周设围廊。上檐明间为平身科米字斗栱，柱头科与其余平身科斗栱均为七踩三昂；下檐明间平身科米字斗栱，柱头科与其余平身科斗栱均为七踩双昂。前檐明、次间设四扇六抹隔扇门。

戏台建于高1.35米的砖砌台基上，面阔五间，进深六椽，单檐卷棚硬山顶。前台明、次间出歇山顶抱厦一间，三踩单昂斗栱。后台明间出卷棚歇山顶抱厦一间。

庙内现存明清时期重修碑10通。

介休城隍庙保存比较完整，大殿宏伟，形制等级较高，修缮沿革有据可考，屋顶精美的琉璃构件为介休境内现存数量不多的明代遗物，其琉璃脊瓦、吻兽鸱尾、仙人走兽、楼阁宝瓶等，有着很高的艺术价值。

介休城隍庙正殿

介休城隍庙戏台

# 云峰寺石佛殿

位置 晋中市介休市绵山镇兴地村

时代 明代至清代

类型 古建筑

2013年，被国务院公布为第七批全国重点文物保护单位。

据寺内碑刻记载，云峰寺又称“灵官仙窟”“大云寺”，始建于唐贞观年间，宋、元、明、清历代均进行过修葺。云峰寺坐北朝南，占地面积3932平方米。建筑分上、下两层，并以石梯栈道相连，上层寺院现存石佛殿为明代遗构，下层寺院全部为1995—1998年复建。

云峰寺石佛殿面阔三间，进深一间，单檐歇山顶。两山与后檐包砌石墙，前檐明间施两扇板门，次间施槛墙与直棂窗。柱头科斗栱为三踩单昂，斗栱与梁架不对位。明间平身科一攒，为米字斗栱。次间平身科两攒，均为三踩单昂斗栱。

殿内现存明代彩塑与田志超包骨真身像。寺内存明正德十一年（1516）《重造空王佛金身石殿踊路碑记》、正德十三年（1518）《抱腹岩重建空王佛殿碑》2通。

云峰寺石佛殿不同于砖木结构建筑，依悬空石崖而建，前檐施石雕门窗，殿内唐代空王佛包骨真身像、彩塑是珍贵的历史遗存，具有较高的历史价值。

云峰寺石佛殿

云峰寺石佛殿柱头斗栱

# 介休源神庙

位置：晋中市介休市洪山镇洪山村
时代：清代
类型：古建筑

2013年，被国务院公布为第七批全国重点文物保护单位。

介休源神庙因源泉而建，故名“源神庙”。创建年代不详，据庙内碑文记载，北宋、元代时两次重建，明清屡有重修。源神庙坐东南朝西北，二进院落布局，占地面积1623平方米。中轴线依次为牌楼、山门、戏台和正殿，两侧为钟鼓楼、东西配殿，二进院西南建有跨院，院内东南为娘娘殿，西北为厢房。现存建筑多为清代遗构。

正殿建在高1.35米的石砌台基上，面阔五间，进深六椽，单檐悬山顶。梁架为七檩前出廊式构架，三踩单昂斗栱。庙内现存北宋至道二年（996）《源神碑记》、清道光八年（1828）《重修源神庙乐楼记》、光绪三十一年（1905）《重修源神庙记》等维修碑22通，经幢1座，碣5方。庙前另有两大泉池，池壁高大，便于蓄水，为山西水利史上一大杰作。

介休源神庙建筑格局较为完整，并保存了北宋以来的维修碑，具有较重要的建筑史学研究价值，《源神碑记》为研究古代水利、陶瓷生产水平提供了史料。

介休源神庙全景

介休源神庙正殿

介休源神庙北宋至道二年《源神碑记》石碑

# 祆神楼

位置：晋中市介休市北关街道顺城街

时代：清代

类型：古文化遗址

1996年，被国务院公布为第四批为全国重点文物保护单位。

祆神楼在三结义庙最前端，既是庙之山门，又是顺城街的过街楼，同时还是庙内倒座乐楼，是三位一体的组合式楼阁建筑。

据庙内碑刻记载，三结义庙创建于宋代，乃宋文潞公文彦博为祆神所建；明万历年间，知县王宗正改建为三结义庙；清初毁于大火，清顺治十七年（1660）重建，康熙七年（1668）竣工，乾隆五十一年（1786）局部补葺。三结义庙坐北朝南，一进院落布局，占地面积约3300平方米，中轴线由南向北依次为祆神楼、献亭和三结义殿。

祆神楼建于清乾隆五十年（1785），楼身二层，通高18.95米。平面呈凸字形，由4根长10余米的永定柱承负楼架荷载。面阔、进深各五间，三面围廊，均深一间，北面为倒座乐楼，南面挑出抱厦，与东西过街楼相连，斗栱为三踩单下昂。二层周匝挑出勾栏平座，平座斗栱为五踩双翘；二层檐下斗栱为五踩双下昂，转角正侧两面出昂或翘；耍头镂雕龙首或象鼻。平座东、西、南三面当心凸出十字歇山顶抱厦，三重檐歇山顶，绿琉璃瓦剪边。过街楼由抹角梁、太平梁叠架为中字框架，梁正中施脊瓜柱、大叉手，当心悬雷公柱。山门、乐楼为五梁架、三梁架叠构，其上置角背、瓜柱、大叉手，共承脊桁。二层神龛内塑文昌帝君、奎星及侍者。

祆神楼

庙内存清康熙、雍正、乾隆、道光年间维修碑 9 通。

祆神楼构思奇巧，壮观瑰丽，形制富于变化，是清代楼阁建筑中的精华，具有较高的建筑工艺研究价值。

祆神楼俯拍图

祆神楼山花、脊兽

# 介休五岳庙

位置 晋中市介休市东南街道草市巷

时代 清代

类型 古建筑

2006年，被国务院公布为第六批全国重点文物保护单位。

据碑文记载，介休五岳庙创建于明景泰七年（1456），清乾隆年间重建。五岳庙坐北朝南，二进院落布局，占地面积2221平方米。中轴线由南向北依次为影壁、山门、献亭、正殿及寝殿，两侧为八字影壁、钟鼓楼、东西配殿及东西耳房；东侧设偏院，现存北殿及南殿。现存建筑皆为清代遗构。

正殿面阔五间，进深六椽，单檐硬山顶。梁架为七檩前廊式构架，斗栱为五踩双下昂，殿内金柱上有“二龙戏珠”木雕悬塑。殿内大梁与前金柱结构头为三层额，殊为罕见。献亭建于正殿前，面阔三间，进深三椽，单檐卷棚歇山顶，黄、绿琉璃瓦剪边。明间出抱厦，单檐歇山顶。斗栱为七踩三下昂。山门前影壁及八字影壁均为砖雕仿木结构建筑，琉璃脊顶，壁心分别雕“二龙戏珠”“麒麟闹八宝”以及石雕“福”“寿”等。

庙内现存清代碑刻1通、碣3方。

介休五岳庙布局严谨，建筑密集，结构精巧，设计独特，各建筑琉璃色泽纯正，木雕、石雕、砖雕技艺精湛，具有较高的历史价值。

介休五岳庙全景

介休五岳庙献亭

介休五岳庙正殿“二龙戏珠”木雕悬塑

# 太和岩牌楼

位置 晋中市介休市义安镇北辛武村

时代 清代

类型 古建筑

2006年，被国务院公布为第六批全国重点文物保护单位。

太和岩牌楼建于清光绪二十三年（1897），原为真武庙前的附属建筑，现庙已不存。牌楼坐北向南，四柱三门三楼歇山式建筑，通高8.5米，宽9.65米。柱为方形，基座为砖石砌束腰须弥式。四柱正面、背面均有楹联，明间正面楹联为“北极极也，本无极为有极；玄天天也，遵先天而后大”，明间西侧柱底的图案中刻有“光绪丁酉年（1897）高浩立”。柱头、柱脚均饰不同的花卉、寿山、瑞兽及八卦雕刻等。柱间置通间雕花雀替，明间雕有“二龙戏珠”及“寿”字。边柱外侧分别雕瑞兽、树木、行龙及鲤鱼。明楼正中悬“太和岩”匾，两次间楼匾分别书“无上道”“众妙门”“除俗障”“契真源”。屋面黄、蓝琉璃瓦覆顶，脊饰、吻兽齐备。

太和岩牌楼通身以定制烧造包砌的琉璃为特色，工艺精湛，外表华丽，雕饰内容集道教题材、人物花卉、书法楹联为一体，尤其是文字措辞，既有道教的隐喻，更有中国传统文化中吉祥如意、福寿平安等美好祈愿的内涵，在山西现存的同期牌楼中极为罕见，具有较高的历史文化价值。

太和岩牌楼匾额

太和岩牌楼西侧琉璃浮雕

太和岩牌楼正面

# 郭有道墓

位置 晋中市介休市城关乡顺城关村

时代 后汉

类型 古墓葬

1965年，被山西省人民委员会公布为第一批省级文物保护单位。

郭泰（128—169），字林宗，曾被举为有道，故又名“郭有道”，介休郭家村人，东汉太学生首领，一生誓不为官，晚年闭门教授，弟子以千人计。《后汉书》有传：“郭太，字林宗，太原界休人也。家世贫贱，早孤，母欲使给事县廷，林宗曰：‘大丈夫焉能处斗筲之役乎？’遂辞。就成皋屈伯彦学，三年业毕，博通坟籍。善谈论，美音制。乃游于洛阳。始见河南尹李膺，膺大奇之，遂相友善，于是名震京师。后归乡里，衣冠诸儒送至河上，车数千两。林宗唯与李膺同舟共济，众宾望之，以为神仙焉……赞曰：林宗怀宝，识深甄藻。明发周流，永言时道。符融鉴真，子将人伦。守节好耻，并亦逡巡。”

墓地平面呈长方形，分布面积1750平方米。地表现存封土堆1座，椭圆形，东西长16.3米，南北宽14.66米，高约4米。

郭有道墓墓碑

郭有道墓

# 师屯北广济寺

位置：晋中市介休市义棠镇师屯北村

时代：元代至清代

类型：古建筑

2021年，被山西省人民政府公布为第六批省级文物保护单位。

据碑文记载，师屯北广济寺建于唐代，明清屡有修葺。师寺坐西朝东，一进院落布局，总占地面积2754平方米。中轴线上由东向西依次为过殿、正殿，两侧为南北配殿。

正殿为元代遗构，面阔五间，进深四椽，单檐悬山顶。梁架结构为前劄牵对后三椽栿，其上施平梁，梁头下施梯形驼峰与骑栿斗栱，平梁中施蜀柱、合㭼、丁华抹颏栱、襻间枋，两侧叉手稳固。前檐柱头施大额枋与平板枋，枋上施四铺作斗栱，每间施一攒补间斗栱，均为四铺作单下昂。

过殿面阔五间，进深四椽，单檐悬山顶。明间梁架结构为中柱两侧前后施双步梁，梁背置梯形柁墩承托单步梁。次、梢间梁架结构为前后单步梁与前后檐金柱相交，金柱柱头承托三架梁，梁中施脊瓜柱、角背、金枋，两侧叉手稳固。

寺内现存明代彩塑4尊，清雍正八年（1730）《敕建广济禅林重修鼎新碑记》、乾隆元年（1736）《金妆碑记》碑2通。

师屯北广济寺内正殿的减柱、移柱造，骑栿斗栱，丁华抹颏栱等做法，以及南配殿的顺梁做法等，体现出不同历史时期的时代痕迹与建筑特征，是研究我国古代早期建筑向晚期建筑转变的实物例证。现存的明代彩塑具有独特的艺术价值。

师屯北广济寺航拍图

师屯北广济寺正殿

# 渠池棲云庵

位置 晋中市介休市龙凤镇渠池村

时代 元代、清代至民国

类型 古建筑

2021年，被山西省人民政府公布为第六批省级文物保护单位。

渠池棲云庵创建年代不详，据碑碣记载，清道光五年（1825）补修，光绪二年（1876）重修正殿。棲云庵坐北朝南，一进院布局。中轴线由南向北依次为山门、献亭、正殿，两侧为东西厢房、东西配殿。现存建筑中献亭为元代遗构，东西配殿、西厢房、山门为清代建筑，东厢房为民国建筑。

献亭平面呈方形，面阔一间，进深四椽，单檐十字歇山顶。梁架结构为四根立柱上承交圈平板枋，柱间穿插小额枋。平板枋上置四铺作单下昂斗栱，十八斗上置里拽枋，抹角梁搭设于里拽枋上。抹角梁上承老角梁，老角梁用扣金做法，上承搭交金檩与随檩枋，金檩搭交部位下设短垂柱，老角梁后尾插于短垂柱内，由戗前端插于老角梁后尾之上交金瓜柱内，由戗后尾插于垂莲柱内，搭交金檩，上承驼峰，驼峰间用襻间枋联络稳固。驼峰上置栌斗，栌斗上承十字搭交脊檩与随檩枋，十字搭交脊檩中心下置垂莲柱。

西厢房脊部存墨书题记“时大清乾隆贰拾玖年（1764）岁次甲五月庚午初二日癸丑寅时立柱巳时上梁永远扶梁大吉”。东配殿脊部存墨书题记“大清乾隆五十六年（1791）八月廿日巳时上梁大吉”。庵内现存清道光五年（1825）与光绪二年（1876）石碣2方。

渠池棲云庵元代献亭反映了元代当地民间建筑的多样性，营造技术高超，具有较高的艺术价值与科学价值。其历经元、明、清、民国等多次修缮，对研究我国古代的建筑发展具有重要意义。

渠池棲云庵航拍图

渠池棲云庵献亭

# 龙头古龙寺

位置 晋中市介休市龙凤镇龙头村

时代 元代、清代

类型 古建筑

2021年，被山西省人民政府公布为第六批省级文物保护单位。

龙头古龙寺创建年代不详，据形制判断，为元代遗构，清咸丰五年（1855）重修。古龙寺坐北朝南，二进院落布局，占地面积约3398平方米。中轴线上原建有戏台、献亭、神殿、后寝殿，两侧有东西配殿。现仅存神殿和清代后寝殿，其余建筑均为20世纪60年代改建，神殿前存献亭柱础石。

神殿平面近方形，面阔三间，进深四椽，单檐悬山顶。西缝梁架为三椽栿对前劄牵通檐用三柱，东缝梁架为四椽栿通达前后檐，通檐用三柱。前檐柱头、补间铺作各1朵，均为四铺作单下昂。当心间补间铺作出45°斜栱。殿内东西山墙、隔墙两侧，明间东西两侧后墙、山花象眼、栱眼壁等部位绘制有壁画。

后寝殿为砖券窑洞，包括后窑、东窑和西窑三部分。后窑窑洞5孔，东西窑窑洞各4孔，东窑4孔窑洞中包括1孔暗窑。

寺内现存清咸丰五年（1855）《重修古龙寺》碑1通。

龙头古龙寺内保留元代至今的修缮痕迹，是龙头古龙寺历史发展演变的重要见证。神殿的用料及建造工艺，体现出元代当地的高超建筑营造技术和建筑匠师的创新精神。现存壁画题材广泛，用色丰富，具有较高的艺术价值。

龙头古龙寺神殿

龙头古龙寺神殿当心间补间铺作

# 介休龙泉观

位置 晋中市介休市北关街道办事处顺城路社区

时代 明代至清代

类型 古建筑

2021年，被山西省人民政府公布为第六批省级文物保护单位。

介休龙泉观是一座主祭真武帝君兼祀道教诸神祇的庙宇。据民国版《介休县志》载，创建于隋代，唐、宋、元、明、清历代均进行过修葺。龙泉观坐北朝南，二进院落布局，占地面积1271平方米。中轴线由南向北依次为山门、过殿、正殿，两侧为一进院东西配殿及二进院东西配殿。现存建筑正殿与过殿为明代遗构，山门为新建，其余均为清代建筑。

正殿位于中轴线最北端，面阔五间，进深四椽，单檐悬山顶。梁架结构为四架梁对前单步梁通檐用三柱，前檐平板枋之上施五踩重昂斗栱。

过殿面阔三间，进深四椽，单檐悬山顶。梁架结构为四架梁对前单步梁通檐用三柱，前后檐平板枋之上施三踩单昂斗栱，脊瓜柱之上施丁华抹颏栱承托脊檩。

观内现存清光绪二十八年（1902）石碑1通。

介休龙泉观作为介休古邑创建最早的寺庙，见证了隋朝以来介休地域的城市规划、建筑营造，具有较高的历史价值。

介休龙泉观航拍图

介休龙泉观正殿

# 石屯环翠桥

晋中市介休市洪山镇石屯村西

明代至清代

古建筑

2021 年，被山西省人民政府公布为第六批省级文物保护单位。

石屯环翠桥又称“玉皇桥”，据桥头石望柱题记记载，创建于明嘉靖十九年（1540），清咸丰四年（1854）增建楼阁。

桥为东西走向，桥身全长 20 米，宽 6.1 米。桥拱净跨 5.1 米，矢高 4.5 米。环翠桥占地面积 124.09 平方米。整体由底部并列的三孔石拱桥、中部纯木构的四周檐廊、双层单檐歇山式阁楼、顶部高耸的十字歇山顶方亭组合而成，桥、廊、楼、亭四体结合。石孔桥由桥拱、桥身、桥面三部分组成。廊、楼为木构，共计两层，下层为廊，上层为楼，方亭高耸在楼顶部，从外观上看，形成了三重檐廊、楼、亭式合体建筑。现存石桥为明代遗构，桥上楼阁为清代建筑。楼阁二层现存清代塑像 7 尊。

石屯环翠桥造型独特，在山西明代石桥中属孤例，具有独特的文物价值与景观价值，也是研究山西省内为数不多的桥廊合体式建筑的重要范例。

石屯环翠桥航拍图

石屯环翠桥近景

# 西刘屯镇河楼



位置 晋中市介休市义棠镇西刘屯村

时代 明代

类型 古建筑

2021年，被山西省人民政府公布为第六批省级文物保护单位。

据碑刻记载，西刘屯镇河楼创建于明嘉靖十九年（1540），清雍正九年（1731）重修。

西刘屯镇河楼为二层重檐琉璃歇山顶过街楼，南北走向，楼南侧出二层琉璃歇山顶抱厦。楼顶覆黄、绿琉璃脊饰，琉璃瓦剪边，方心点缀。

主体部分一层面阔、进深均为三间，明间为过道；二层出平座，面阔、进深均为一间，周檐出廊，由东向西有4排立柱，共计16根（其中明间4根为通柱），并在柱身、柱头纵横以枋子联构成井字形框架体系，屋面为二层重檐歇山顶。主体一层斗栱共计20攒，均为三踩单翘斗栱；二层出檐斗栱共计12攒，均为五踩双下昂斗栱。抱厦部分一层面阔三间，进深两间；二层面阔一间，进深两间，由东向西有2排立柱，共计4根（均为一层通柱），并在柱头梁身之上东西施横木联构，且施垂莲柱、荷叶墩；屋面为二层重檐歇山顶。

楼下一层现存明嘉靖十九年（1540）《新建镇河楼记》、清雍正九年（1731）《重修镇河楼碑记》石碑2通。

西刘屯镇河楼是山西省仅存的两座镇河楼之一，是山西省建筑结构最复杂、琉璃艺术最精湛的镇河楼，是采用纯木结构的组合式十字过街楼，是我国明代楼阁式建筑的精品之作，是研究楼阁式建筑的历史演变、建造特色的宝贵实物例证。

西刘屯镇河楼航拍图

西刘屯镇河楼

# 师屯南弘济寺塔

位置 晋中市介休市义棠镇师屯南村

时代 明代

类型 古建筑

2021年，被山西省人民政府公布为第六批省级文物保护单位。

据碑刻记载，师屯南弘济寺创建于唐贞观年间，明万历十八年（1590）建塔，清康熙年间重修。

师屯南弘济寺塔为九层八角仿木楼阁式砖塔，总高37米左右，由塔基、塔身、塔刹三部分组成。石砌塔基，塔身平面为八边形，逐层叠涩出檐，仿木构雕出额枋、椽飞、瓦拢。一、二层斗栱为五踩双下昂，平身科及角科斜昂密致，从第三层起，各层均有砖雕飞檐和转角斗栱，腰檐下铺砌仿木构斗栱，削减为四铺作，每个塔面都筑有砖雕倚柱。一层东南面辟石砌拱门，塔心室正面设龛，供有佛像。门上装砌精美的仿木构石雕镶嵌式垂花门，且只有第一层塔檐上砌建平座，二层周匝挑出勾栏平座。每层各面辟拱形门或窗。塔梯由室内右侧穿壁，依次折上。塔顶为八角攒尖顶，宝瓶形塔刹。

塔南隅存清乾隆四十八年（1783）重修碑1通。

师屯南弘济寺塔的选材考究，比例匀称，且塔身雕刻精美，展示了中华民族深厚的文化底蕴，具有较高的艺术价值。现存结构保持了明代寺塔的形制和风格，为研究当地寺塔建筑提供了重要的实物例证，具有较高的历史研究价值。

师屯南弘济寺塔航拍图

师屯南弘济寺塔

# 介休文庙

位置：晋中市介休市东南街道办事处南大街学巷

时代：清代

类型：古建筑

2021年，被山西省人民政府公布为第六批省级文物保护单位。

据清乾隆、嘉庆版《介休县志》记载，介休文庙于唐咸亨三年（672）创建，位于县衙东边，元初毁于兵乱，元至元八年（1271）重建，迁于东南隅，明万历二十五年（1597）重修，清代屡有修葺。文庙坐北朝南，一进院落布局，占地面积3732平方米。中轴线由南向北依次为棂星门、大成殿，两侧为东西配殿及钟鼓楼。现存建筑均为清代遗构。

大成殿位于中轴线最北端，平面近方形，面阔五间，进深八椽，重檐歇山顶，黄、绿、蓝三色琉璃瓦覆盖，方心点缀。梁架为七架梁对前后单步梁通檐用五柱。前檐出廊，殿内顶部设平棊，外檐斗栱为五踩双下昂，额枋下施透雕龙形、象鼻雀替。

棂星门为四柱三间，歇山式木构牌楼，黄、绿琉璃瓦覆顶。东西配殿面阔七间，进深四椽，单檐悬山顶。钟鼓楼对称建造，面阔、进深各三间，重檐四角攒尖顶。

介休文庙基本保持了清代建筑格局，主要文物建筑在形制特征、材料和工艺特点等方面保留了历史原状，具有鲜明的地方特色，对研究我国儒学文化传播、县级文庙建制、清代建筑特色具有重要意义。

介休文庙航拍图

介休文庙棂星门

# 龙凤凌空塔

位置　晋中市介休市龙凤镇龙凤村

时代　清代

类型　古建筑

2021年，被山西省人民政府公布为第六批省级文物保护单位。

龙凤凌空塔始建于清代雍正十三年（1735），乾隆四十三年（1778）竣工，整个工程历时43年完成。

龙凤凌空塔坐北朝南，为九层正八边形楼阁式砖塔，高38米。下设八边形塔基，塔基之上为八边形须弥塔座，高1.85米。塔身一层外墙收分明显，其余各层均无明显收分。塔身层层出砖雕仿木结构垂花廊檐，廊檐上覆砖檐，并出砖雕勾滴，每个角装饰砖雕莲花垂柱，第二层、第九层还有砖雕栏杆、栏板。塔内呈八边形空筒状上下贯通，每层均安装楼檩，承木地板，一层、二层设砖质踏步，以上各层均设木楼梯，采用塔壁内折上式，顺楼梯可攀至九层。九层塔壁内设廊道，绕廊道通过八处透窗可远目畅怀。塔顶为八角攒尖顶，上覆黄色琉璃方砖，八角处施八条琉璃垂脊、垂兽，塔顶宝瓶收刹。

龙凤凌空塔在介休市现存的塔类建筑物中较为独特，对研究介休市及晋中地区的佛塔的历史演变、典型特征具有重要意义。

龙凤凌空塔

# 洪山关帝庙

位置：晋中市介休市洪山镇洪山村

时代：清代

类型：古建筑

2021年，被山西省人民政府公布为第六批省级文物保护单位。

洪山关帝庙创建年代不详，据庙内碑刻记载，清乾隆四十五年（1780）重修。关帝庙坐南朝北，二进院落布局。中轴线由北向南依次为戏台、牌楼、献殿、正殿、春秋楼，两侧为庙门（兼钟鼓楼）、碑廊、厢房及配殿。现存建筑皆为清代遗构。

戏台坐落于高1.52米的砖砌台基之上，面阔三间，进深四椽，单檐硬山顶，梁架为五架梁通檐用三柱。明间出抱厦，单檐歇山顶，双步梁通檐用两柱，屋面均为黄、绿琉璃瓦套心，黄、绿琉璃瓦剪边。戏台前檐交圈施三踩双昂斗栱，共计12攒。明间中部设槛窗，两侧设板门，作“出将”“入相”，两次间设隔扇。

春秋楼为二层建筑，下层为5孔砖砌窑洞，上层为砖木结构，面阔三间，进深二椽，单檐硬山顶，明间出卷棚顶抱厦。牌楼为四柱三楼屋脊式，单檐歇山顶。献殿面阔三间，进深三椽，单檐卷棚悬山顶。正殿面阔三间，进深六椽，单檐悬山顶。

庙内现存碑刻16通、旗杆石2件。

洪山关帝庙选址与平面布局科学合理，建筑形式地域特征明显，石雕、木雕、脊饰雕刻精细，是介休地区保存尚好的清代庙宇之一，为研究晋中地区清代古建筑形制特征与建筑沿袭、传承提供了重要的实物例证。

洪山关帝庙戏台

# 介休关帝庙

位置 晋中市介休市北关街道北大街社区东大街

时代 清代

类型 古建筑

2021年，被山西省人民政府公布为第六批省级文物保护单位。

介休关帝庙创建年代不详，据清嘉庆版《介休县志》记载，清乾隆五十二年（1787）修缮、扩建。庙坐北朝南，二进院落布局。中轴线现存影壁、正殿及春秋楼，两侧仅存西垛殿。现存建筑均为清代遗构。

正殿面阔五间，进深六椽，单檐悬山顶。梁架结构为五架梁对前后单步梁，两山外挂琉璃博缝板和悬鱼。前后檐各施11攒五踩双下昂斗栱，其中前檐柱头科为米字斗栱，后檐东西两梢间柱头科和明间平身科为米字斗栱。

春秋楼分为上下两层，下层为5孔砖券窑洞，上层为砖木结构，面阔五间，进深四椽，单檐悬山顶，黄琉璃剪边，方形点缀。梁架为五檩前廊式构架，施透雕龙形雀替。西耳殿面阔三间，进深五椽，单檐硬山顶。影壁长10.2米，宽1.3米，为琉璃壁心，单檐歇山琉璃顶。庙内存重修碑1通。

介休关帝庙是纳入清代国家祀典体系的官建关帝庙，其正殿是介休市现存体量最大、等级最高的关帝庙建筑，对研究清代关帝信仰的分布与传播、关帝庙建筑的发展流变及建筑特色具有重要意义。

介休关帝庙正殿

介休关帝庙影壁琉璃壁心

# 板峪三皇庙

 位置：晋中市介休市张兰镇板峪村

 时代：清代

 类型：古建筑

2021 年，被山西省人民政府公布为第六批省级文物保护单位。

板峪三皇庙始建年代不详，据庙碑及梁架题记载，清嘉庆四年（1799）重修，道光八年（1828）扩建。庙坐北朝南，二进院落布局，占地面积 1980 平方米。中轴线由南向北依次为山门（关公殿）、三开戏台（乐楼）、正殿（龙王殿），两侧为东西厢房、配殿及垛殿，东垛殿东侧建有文昌殿。现存建筑中三开戏台、正殿为清代建筑，其余建筑均为后人修缮时原址重建而成。

三开戏台建于高 2.9 米的砖砌台基上，台基辟南北通行的拱券门。台基上为二层木构主体，面阔三间，进深五椽，单檐歇山卷棚顶。平面周檐檐柱 12 根，金柱 4 根，柱网呈回字形。明间施板门，次间施隔扇，金柱与周檐柱间也做隔扇，把乐楼四角分隔成四间化妆室，四角柱外 45° 加置小型影壁。

正殿为两层砖木建筑，上下通柱，上层明间前檐廊部挑出一间，屋面为凸字形，面阔三间，进深四椽，单檐硬山顶，五檩前廊式构架。二层殿内现存壁画面积约 79 平方米。

板峪三皇庙基本保持了清代的院落格局，主要文物建筑在形制特征、材料和工艺特点等方面保留了历史原状，雕刻细腻，手法自然，具有鲜明的地方特色，由题记记载的庙院历史和物质遗存可以相互印证，具有较高的历史与科学价值。

板峪三皇庙航拍图

板峪三皇庙三开戏台

# 龙凤三明寺

位置　晋中市介休市龙凤镇龙凤村

时代　清代

类型　古建筑

2021年，被山西省人民政府公布为第六批省级文物保护单位。

据正殿梁架题记载，龙凤三明寺于唐先天二年（713）修建，清道光二十九年（1849）重建。寺坐北朝南，二进院落布局，占地面积1637平方米。中轴线自南而北依次建有山门、过殿和正殿，两侧为八字影壁、东西窑房、东西配殿及耳殿。现存建筑均为清代遗构。

正殿位于中轴线最北端，面阔三间，进深四椽，单檐硬山顶，黄、绿、蓝琉璃剪边，方心点缀，琉璃吻兽，浮雕花卉脊筒。梁架为单步梁对四架梁通檐用三柱。明间镂雕行龙雀替，次间木雕象鼻雀替，门头板绘制琴、棋、书、画等图案，墀头砖雕人物、麒麟。

山门面阔三间，进深四椽，单檐硬山顶，琉璃剪边，琉璃垂兽。梁架为五檩通达前后檐，通檐用两柱。前后檐均为一斗二升交麻叶斗栱。过殿面阔三间，进深六椽，单檐硬山顶。梁架为前后单步梁对五架梁通檐用四柱。

寺内现存清乾隆十一年（1746）、光绪二十二年（1896）石碣2方。

龙凤三明寺规模宏大，十余座主体及附属建筑均保存完好，碑刻信息翔实，是晋中地区占地面积较大、保存完整的清代佛寺之一，是研究晋中地区清代佛寺建筑的布局位列、佛教仪轨、宗门法统、布施供养、教化传播的宝贵实例，是研究寺史及建筑演变的珍贵实物资料。

龙凤三明寺航拍图

龙凤三明寺山门

# 介休马王庙

位置：晋中市介休市北关街道办事处西大街

时代：清代

类型：古建筑

2021年，被山西省人民政府公布为第六批省级文物保护单位。

介休马王庙创建年代不详，据庙内梁架题记载，清光绪二十三年（1897）进行过修建。庙坐北朝南，一进院落布局，占地面积563平方米。中轴线由北向南依次为正殿、献殿，两侧仅存西配殿。

正殿位于中轴线最北端，面阔三间，进深三椽，单檐硬山顶。共用柱16根，后檐明间金柱使用移柱造，后移0.94米。殿内明间梁架为五架梁对前单步梁通檐用三柱。

献殿位于正殿以南，面阔三间，进深三椽，单檐卷棚式硬山顶。梁架为四架梁通达前后檐。

庙内现存彩塑13尊，壁画15平方米。

介休马王庙现存的建筑梁架主体结构基本完好，砖雕、木雕、梁架大木构件、墙体建筑形式等造型简洁、独特，壁画及彩塑都具有独特的艺术特色，是研究介休历史文化难得的实物遗存。

介休马王庙航拍图

介休马王庙献殿

# 阳泉市

山西

文物

要览

❶ 城　区

❷ 矿　区

❸ 郊　区

❹ 平定县

❺ 盂　县

# 关王庙

位置 阳泉市郊区荫营镇林里村南玉泉山山腰

时代 宋代

类型 古建筑

1996年，被国务院公布为第四批全国重点文物保护单位。

关王庙坐西南朝东北，随山势而筑，北面隔河与林里村相望。其始建年代不详，庙内现存宋熙宁五年（1072）经幢一节，说明关王庙建成时间不晚于此时。据庙内正殿梁架题记载，宋宣和四年（1122）重修，此后元、明、清历代屡有修葺、扩建。其为两进院落布局，由低而高层叠而进，东西约45米，南北约90米，占地面积约4050平方米。中轴线上建筑由北向南依次为山门、戏台、端门、献殿、正殿，轴线两侧为配殿、廊房，其中仅正殿为宋代原构，余皆为后代重建。

正殿面阔三间，进深六椽，单檐歇山顶，前檐设廊。梁架为四椽栿对前乳栿用三柱，梁栿上驼峰、蜀柱、叉手等皆呈典型的宋代建筑特征。殿内脊口随榑枋上有宋宣和四年（1122）重修墨书题记。廊下斗栱设柱头、补间各一朵，均为五铺作双杪重栱计心造，殿身檐下斗栱为五铺作双杪偷心造。前檐当心间设板门，次间为直棂窗。殿内中央设束腰仰覆莲须弥式佛坛，原奉塑像已不存。

庙内存宋代石经幢2座、元大历元年（1328）残碑1通、明代石碣2方、清碑4通，为研究该庙的历史沿革提供了宝贵资料。

在全国众多的关王庙中，林里关王庙是现存最早的关王庙建筑，具有重要的历史、科学、社会价值。

关王庙远景

关王庙正殿

关王庙全景

# 平坦垴古井及城墙遗址

位置：阳泉市郊区平坦垴村西

时代：战国至汉代

类型：古文化遗址

2021 年，被山西省人民政府公布为第六批省级文物保护单位。

2019 年 11 月，在阳泉郊区平坦垴村棚户区改造安置住房建设项目工地发现了一座古代水井。古井为平面九边形的木质框架结构，残深 9 米，上口直径 5 米，内部全部为淤泥。木护壁基本保存完整，木质大部分为柏木，呈原木状，仅在上下需叠摞的两面有加工平整的现象。柱身长 1.4—1.6 米，加上两端带加工工艺的榫头、卯槽，总长达到 1.7—2 米。榫头、卯槽相互连接，呈闭合的九边形后逐层垒砌。垒砌过程中，榫头朝向逐层更替，自上而下尚存 38 层。经发掘，井内出土了铁锛、骨觿、铁片及大量的筒瓦、板瓦残片和木构件。从大量的筒瓦、板瓦残片及木构件来看，当时井上方应有井亭之类的建筑物，利用拼合实验可以复原出井栏的砌筑结构。通过对井内出土遗物进行比较分析，推定该水井的开凿、使用年代大体在春秋晚期到西汉早期之间。

平坦垴城址位于平坦垴村西桃河北岸的台地之上，原有平面布局不明，现存北墙南距古井 570 米，为东西走向，残长近百米，墙基宽约 4—5 米，顶宽 3—4 米，墙残高 5.1 米。墙体夯筑，夯层厚 6—9 厘米，局部厚 10—12 厘米，夯窝直径 5 厘米，版筑而成。地表曾采集到战国绳纹罐、汉代素面罐及绳纹板瓦残片。1958 年曾出土铜釜、铜镞、铁马镫、石鼓等。据清《读史方舆纪要》载，“平潭城在平定州西北五十里，传为赵简子所筑，今为平潭驿”，当指该城。

平坦垴古井是目前国内发现的规模最大、保存最完好的战国木构古井，对研究战国水井构筑工艺、早期木构建筑、平坦垴古城等都有重要的意义。

平坦垴古城墙遗址

平坦垴古井发掘现场

平坦垴古井出土的木构件

平坦垴古井井圈复原模型

# 冠山天宁寺双塔

平定县

位置　阳泉市平定县冠山镇东南营街

时代　宋代、明代至清代

类型　古建筑

2013 年，被国务院公布为第七批全国重点文物保护单位。

据清光绪版《平定州志》记载，冠山天宁寺始建于北宋熙宁年间；2005 年实施维修工程时，在西塔地宫出土的《大宋平定军葬舍利佛骨塔铭并序》石碑记载此塔始建于北宋至道元年（995），修正了地方志的年代记载；明、清两代多次维修。现寺已不存，仅存双塔。

双塔东西并列，相距约 30 米，形制相同，均为八角楼阁式砖塔，边长 3.3 米，通高约 21 米，东、西、南、北正四面辟门，其余四面辟窗。塔基埋于地下，塔身四层，二至四层均设平坐。檐下斗栱为五铺作双杪，塔顶为攒尖顶，宝瓶塔刹。双塔造型基本一致，结构和营造手法存在差异：西塔中空，用木板分隔楼层；东塔为实心塔，明嘉靖十八年（1539）重修塔刹。从建筑形制上对比分析，东西二塔同属北宋熙宁年间建造，东塔建造稍晚于西塔。西塔地宫还出土了石函、绿釉陶熏笼、白釉瓷碗、碟、盘、壶等物。

冠山天宁寺双塔一实一空，自下而上收分急促，铺作、板门、棂窗古朴，塔身造型及仿木构做法与周边地区的宋塔联系紧密，是山西宋代砖塔的代表。

冠山天宁寺双塔近景

# 平定马齿岩寺

位置　阳泉市平定县东回镇马山村东

时代　金代至清代

类型　古建筑

2019年，被国务院公布为第八批全国重点文物保护单位。

平定马齿岩寺始建年代不详，据寺内现存金碑记载，金大定二十九年（1189）补修，元至正年间、明嘉靖年间、明万历年间、明崇祯四年（1631）以及清乾隆元年（1736）重修。寺院坐北朝南，原为二进院落，现仅存一进院落，原有布局不详，占地面积约608平方米。现中轴线由南向北依次为天王殿、中殿（大雄宝殿），两侧建有掖门、东西配殿和耳房。天王殿为清代遗构，中殿为金代遗构。

中殿面阔三间，进深六椽，单檐歇山顶，琉璃剪边。梁架结构为平梁对前后乳栿通檐用四柱。平面布局采用了移柱造，将前金柱向两侧位移，上施大内额。柱头卷杀和缓。柱头铺作为五铺作单杪单下昂重栱计心造，补间铺作每间一朵。明间辟四扇六抹隔扇门，两次间设槛窗。殿内两山墙和后檐墙保存清代壁画，约72平方米，内容为佛讲经说法和俗家弟子献宝图等。天王殿面阔三间，进深四椽，单檐悬山顶。

寺内另有金、明重修碣各1方，清重修碑7通，其他碣2方，此外还有墓经幢3通、古树2株。

平定马齿岩寺现存中殿为金代原构，为研究金代建筑形制提供了重要实物；所存清代壁画技法纯熟，线条流畅，具有较高的艺术价值。

平定马齿岩寺中殿

平定马齿岩寺中殿壁画

平定马齿岩寺金大定二十九年重修记事碑

# 冠山书院

平定县

位置　阳泉市平定县冠山镇后沟村西南1.5千米

时代　清代

类型　古建筑

2013 年，被国务院公布为第七批全国重点文物保护单位。

冠山书院创建年代不详，据现存碑刻记载，始建于宋宣和年间，名“冠山书院”，元代改称“冠山精舍”，后因元至顺年间左丞相吕思诚重修，又称“吕公书院”，明代改称“明贤书院”，现存建筑为清嘉庆十一年（1806）平定人孙裕集资重建，定名“崇古冠山书院”。书院依山而建，由崇古冠山书院、资福寺、文昌阁、吕祖文昌阁、夫子洞等组成古建筑群，现存

冠山全景

建筑除夫子洞为明代开凿外，其余皆为清代建筑。

夫子洞开凿于明嘉靖六年（1527），坐北朝南，窟门呈拱形，高1.28米，宽0.68米，上刻“夫子洞”匾额1方。窟内平面呈方形，直壁，平顶，高2.04米，宽2.1米，深2米。北壁设坛基，上雕3尊石像，主尊为孔子，两侧是颜子、曾子。西壁嵌明嘉靖六年（1527）《新修夫子洞记》石碣1方，东壁嵌线刻的《孔子小像》石碣1方。夫子洞是为数不多又保存较好的儒教石窟。

崇古冠山书院坐西朝东，二进院落布局，占地面积859平方米。院内建有大门、一进院北厢房、二进门、二进院北厢房、西房（正房）。正房为5孔砖砌窑洞，深6米，单檐硬山顶。书院内共存碑8通、碣17方，书院大门前南、北两侧各有1座石牌坊。

冠山书院集儒、释、道于一体，为平定历代培育英才之地，元朝中书左丞相吕思诚、明朝南京兵部尚书乔宇、清代湖广提督窦斌、近代才女石评梅等都曾在此读书求学。此地文风兴盛，山川优美，建筑类型多样，是一处重要的古建筑群。

冠山书院航拍图

冠山夫子洞

# 开河寺石窟

位置　阳泉市平定县石门口乡乱流村西

时代　南北朝至隋代

类型　石窟寺及石刻

2013 年，被国务院公布为第七批全国重点文物保护单位。

开河寺石窟坐北朝南，自东向西分布 3 座石窟及 1 处摩崖造像，石窟依次编号为 1、2、3 号窟。2 号石窟开凿于东魏武定五年（547），开凿时间最早；3 号、1 号石窟分别开凿于北齐皇建二年（561）、北齐河清二年（563）；摩崖造像开凿于隋开皇元年（581）。

3 座石窟平面均为方形，四角攒尖顶，三壁三龛式，窟宽 1.2—1.6 米，进深 1.1—1.5 米，高 1.4—1.5 米。1 号窟窟门呈圆拱形，面阔 1.26 米，进深 1.13 米，通高 1.47 米，局部残损，八角门柱两侧各雕一力士像。窟门上方凿出横长方形题记框，内有一则纪年题记。正壁中部通壁开一龛，龛顶有尖拱龛楣，龛梁尾端饰龙头，两侧为八角龛柱，龛内雕一佛二弟子二菩萨像。东西两壁龛形同正壁，内雕一佛二弟子像。龛下壁面刻有神王小龛和世俗供养人题名。2、3 号窟形制、造像组合、题记框形制与位置与 1 号窟基本相同，石窟外还凿有 8 个附龛。

隋代摩崖造像前依崖壁修石砌券洞，洞前建重檐前廊。券洞内正壁设高 1.3 米的方形台座，其上现有五身造像，半跏趺坐佛高 4.63 米，两侧为二弟子二菩萨像，二弟子像为后世重修，原有造像早年被毁，两胁侍菩萨像尚存局部。券洞外西侧崖壁有一坐佛，与券洞内半跏趺坐佛组成双丈八像。台座下方左侧镌刻隋开皇元年（581）造像题记。

开河寺石窟虽然规模不大，但保存有年代明确、内容丰富的造像题记，洞窟形制、造像样式具有鲜明的时代特征，对研究北朝晚期石窟寺历史和艺术发展演变具有重要的学术价值和历史价值。

开河寺石窟

开河寺石窟 1、2 号窟

开河寺石窟隋代摩崖造像

# 承天寨军城遗址

2021年，被山西省人民政府公布为第六批省级文物保护单位。

承天寨军城修筑于紫金山峰顶，地理位置险绝，可扼控桃、温两河，防止东来之敌。早在春秋战国时期，中山国就在此修建了长城。承天寨军城遗址坐西朝东，东西340米，南北270米，占地面积9.18万平方米。唐“安史之乱”后，为防河朔地区的叛乱，唐代宗于大历元年（766）命河东节度使张奉璋在紫金山上修筑军城。修成后，唐代宗以“信承于天”嘉赐“承天军城”，设承天军戍守此处。唐游击将军胡伯成在《承天军城记》中云，“缭崇墉于岩半，百鸩云耸；冠小城于峰巅，万仞天削”，历代被称为“天上堡垒”，历史上裴度、韩愈、李克用、李存勖等都在此用兵。宋代建承天寨。明代设承天镇，防御的重点移至此山东侧2000米的娘子关处，承天寨军城渐废，城西村现仍存有明代“古镇承天”石刻。

该寨城平面呈簸箕形，西、南、北面地势较高，东边较低，设有两座寨门，一为西门，一为东门，皆用就地取材的石灰石砌筑。寨城在险要处不做墙体，无险处垒墙。寨墙主要分布在寨城东部和北部，残高1.2—2米，宽0.65米，皆为石砌。

城西老君洞坐落在紫金山承天寨下，坐北朝南，主要建筑有老君殿、三官殿、三霄殿、玉皇楼、东西禅房、钟鼓楼等，占地面积706平方米。在正殿老君殿后壁现存一座石窟，即

位置 阳泉市平定县娘子关镇城西村北紫金山山顶

时代 唐代

类型 古文化遗址

承天寨军城遗址下城西老君洞全景

老君洞（也称“城西村石窟”），开凿于唐长庆年间，圆拱形窟门西侧墙上嵌唐长庆元年（821）《铁元始赞》碣 1 方，记述唐军在承天山扎寨之事。石窟平面呈正方形，覆斗式八卦顶，高 2.71 米，宽 3.67 米，进深 3.47 米，窟内已无造像。在石窟东侧三官殿背后石壁上有摩崖题刻，其中有唐代裴度、韩愈、吴丹等人题刻，与承天军、“安史之乱”等重要历史事件相关性高，是研究唐代社会、历史、文化的重要资料。宋元以后的元好问、吕思诚、乔宇都到此游览，并写有诗文。

承天寨地理位置极为重要，太行八陉之一井陉道的北支由承天寨出发，东可达晋东门户娘子关，直下河北，进而通达京畿及华东各地，西可至晋东门户平定，从而远行山陕及西北数省，是历史上重要关口，为研究我国古代军事设施提供了重要的史料。

城西村现存明代“古镇承天”石刻

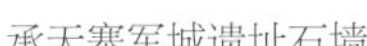

承天寨军城遗址石墙

明代吏部尚书乔宇题“老君洞”

# 上董寨寿圣寺

位置：阳泉市平定县娘子关镇上董寨村

时代：明代至清代

类型：古建筑

2021年，被山西省人民政府公布为第六批省级文物保护单位。

上董寨寿圣寺由上寿圣寺和下寿圣寺组成，现存建筑均为明清建筑风格。上寿圣寺位于上董寨村北侧卧龙岗山脚，坐北朝南，占地面积约1500平方米。下寿圣寺位于上董寨村东侧自然形成的高约8米的台基之上，与上寿圣寺相距约90米，坐北朝南，占地面积约820平方米。

上寿圣寺始建于宋真宗大中祥符年间，明成化五年（1469）重修，明嘉靖二十六年（1547）再次重修，之后屡有修葺。现存建筑由南殿（前殿）、钟鼓楼、东西廊庑、方丈室、僧舍、东西库及附属建筑组成。南殿为上寿圣寺主体建筑，面阔三间，进深四椽，单檐悬山顶，建筑面积94平方米，明代重修时仍保留前代础石、铺作、瓦件等构件。

下寿圣寺始建年代不可考，重建于宋元丰六年（1083），明嘉靖二十九年（1550）进行重修，明隆庆六年（1572）因正殿台基倒塌再次重修，之后屡有修葺。现存建筑由正殿、南殿、伽蓝殿、关帝殿、钟楼及附属建筑组成。正殿为下寿圣寺主体建筑，面阔三间，进深五椽，单檐悬山顶，抬梁式木构架，建筑面积77.6平方米。正殿础石、瓦件、梁架构架、节点等局部有早期建筑风格。

上董寨寿圣寺宏伟壮观，保存着典型的明清建筑风格，具有重要的研究价值。

上董寨上寿圣寺

上董寨下寿圣寺

# 大王庙

位置 阳泉市盂县秀水镇西关村

时代 金代至明代

类型 古建筑

2001年，被国务院公布为第五批全国重点文物保护单位。

大王庙相传为春秋时期晋国上卿赵武之行宫，又称“藏山别祠”，始建年代不详，据庙内碑文记载，金大定十二年（1172）时此庙已存，金承安五年（1200）重建，元、明、清历代屡有修葺和扩建。庙宇坐北朝南，南北长56.5米，东西宽62.6米，总占地面积约3537平方米。现存为二进院落布局，中轴线上依次建有山门兼戏台、正殿和寝殿，正殿东侧为碑廊，山门两侧为钟鼓楼，鼓楼西侧为仪门。现存建筑中，寝殿为金代遗构，正殿为明代建筑，其余均为清代建筑。

山门面阔三间，进深四椽，单檐硬山顶。台基与戏台相连，高出地面1.18米。山门明间留有较低的通道，次间垫高，与戏台台面相平，演出时架木板制成平整的台面。戏台为清乾隆四十七年（1782）建，面阔三间，进深五椽，歇山卷棚式屋顶。

正殿是庙内主体建筑，据殿内题记载，为明成化三年（1467）遗构，石砌台基，面阔三间，进深六椽，单檐歇山顶，七檩前出廊构架，通檐用四柱。柱头科为五踩双下昂，补间各一攒。

寝殿位于正殿之后，石砌台基，面阔三间，进深四椽，单檐悬山顶。梁架为四椽栿通檐用二柱。柱头卷杀显著，圆和自然。柱上阑额普拍枋呈丁字形断面，出头垂直砍截，不作任何装饰。斗栱为五铺作，明间补间铺作出45°斜栱。

大王庙保存80余平方米明代壁画，有出行、回宫、尚膳、尚服等，沥粉贴金。碑廊内保存大王庙及盂县境内重要碑刻十余通。

大王庙全景

从戏台看大王庙正殿

大王庙寝殿

# 府君庙

位置 阳泉市盂县上社镇中北村

时代 元代至清代

类型 古建筑

2006年，被国务院公布为第六批全国重点文物保护单位。

府君庙又名“释迦寺”，创建年代不详，据正殿梁枋题记载，元延祐二年（1315）重修，明清时期屡有修葺。庙坐北朝南，二进院落布局，东西51米，南北56米，占地面积约2856平方米。中轴线上由南向北依次为戏台遗址、山门遗址、正殿（大佛殿），两侧为东西配殿（观音殿遗址、阎王殿）、东西耳殿（二郎殿、伽蓝殿），另建有关帝殿、大王殿、玉皇殿。现存正殿为元代遗构，其余均为清代建筑。

正殿位于建筑群最北侧，石砌台基，平面近方形，面阔三间，进深六椽，单檐悬山顶。殿内梁架为四椽栿对前乳栿通檐用三柱。前檐设飞椽，延长前檐跨度。檐下柱头斗栱为五铺作双下昂重栱计心造，补间斗栱改双下昂为双杪，并出45°斜栱。立柱收分明显，柱头卷杀圆和，斗䫜甚深，呈现出早期特征。庙内现存清代重修碑16通。

府君庙全景

府君庙正殿

府君庙正殿梁架

# 坡头泰山庙

阳泉市盂县北下庄乡东坡头村

元代至清代

古建筑

2006年，被国务院公布为第六批全国重点文物保护单位。

坡头泰山庙原名“东岳庙”，后改称“东岳天齐庙”，创建年代不详，据庙内现存元代经幢记载，元至正十七年（1357）重建，明、清、民国时期均有修葺。庙坐北朝南，三进院落布局，占地面积约3240平方米。中轴线上从南向北依次为戏台遗址、石牌坊、山门、正殿、后殿，山门两侧有钟鼓楼，正殿两侧有东西配殿和西耳殿，后殿东西两侧有禅房。现存正殿和后殿为元代遗构，其余均为清代建筑。

正殿建于石砌台基上，前设月台，面阔三间，进深四椽，单檐硬山顶。梁架为三椽栿对前劄牵通檐用三柱。檐下斗栱为四铺作单下昂，补间各一朵，当心间补间斗栱出45°斜栱。后殿建于石砌台基上，面阔三间，进深四椽，单檐硬山顶。梁架结构为四椽栿通檐用二柱。斗栱为四铺作单下昂，补间每间一朵，当心间补间斗栱出45°斜栱。正殿、后殿及东西配殿内存有壁画。

坡头泰山庙全景

坡头泰山庙正殿

坡头泰山庙后殿

# 盂北泰山庙

位置　阳泉市盂县孙家庄镇西盂北村

时代　元代至清代

类型　古建筑

2019年，被国务院公布为第八批全国重点文物保护单位。

盂北泰山庙又名“西庙”，创建年代不详，据庙内现存碑刻记载，清代曾多次修葺。庙坐北朝南，一进院落布局，南北长32.6米，东西宽19米，占地面积619.4平方米。现仅存戏台、正殿、西耳殿和西配殿，其中正殿为元代遗构，西配殿为明代建筑，其余为清代遗构。

正殿建于石砌台基之上，面阔三间，进深四椽，单檐悬山顶。殿内梁架为三椽栿对前劄牵通檐用三柱，柱头卷杀和缓。前檐柱头铺作为四铺作插昂。补间斗栱每间一朵，明间补间斗栱出45°斜栱。明间置板门，次间设直棂窗。东西两山墙绘有两幅清代壁画，每幅壁画长约6米，高约4米，内容分别为《泰山三神出巡图》和《泰山三神回銮图》，描绘了泰山三神（即泰山神、炳灵王、佑圣真君）仪仗出行的宏大场面。

西配殿坐西朝东，面阔三间，进深四椽，单檐悬山顶。梁架结构为五架梁通达前后檐用两柱。殿西北角立柱上有墨书题记，上书“万历三十六年二月二十六日补北墙僧人启案……”等字样。西耳殿面阔三间，进深四椽，单檐硬山顶。戏台面阔三间，进深六椽，单檐硬山顶。

泰山庙现存元、明、清各代建筑，保存较好，正殿檐柱、椽栿、斗栱做法以及用材等均体现了元代建筑的特点；清代壁画精美，图案栩栩如生，风格清淡雅致，线条流畅，笔力劲健，具有较高的研究价值。

孟北泰山庙全景

孟北泰山庙正殿

盂北泰山庙正殿壁画

# 藏山祠

位置　阳泉市盂县苌池镇藏山村东约3千米

时代　明代至清代

类型　古建筑

2013年，被国务院公布为第七批全国重点文物保护单位。

藏山因相传春秋时期程婴于此藏匿“赵氏孤儿”而得名，后人将“赵氏孤儿”的原型赵武祀奉为“藏山大王”，并立庙祭奠。阳泉市境内现存的藏山祠和藏山大王庙就有40余处，另有10余处相关遗址，而这众多祠庙大多为藏山大王的行宫别祠，只有盂县藏山风景区内的藏山祠为“祖庭”。

藏山祠创建年代不详，据祠内现存碑刻记载，金大定十二年（1172）重修，此后历代均予修葺。祠坐北朝南，占地面积约4685平方米。建筑依山势而建，共有东、中、西三院，东院有抱孤殿、落驾厅等；西院为纠首楼等；主要建筑位于中院，含前后两进院，中轴线上由南向北依次建有影壁、牌楼、山门及戏台、正殿、献殿、寝殿，两侧分别建有钟鼓楼、东西配殿、耳殿等附属建筑，影壁西侧开山门。整个建筑群落除寝宫为明代建筑外，其余均为清代遗构。

牌楼坊为四柱三楼，单檐歇山顶，檐下十一踩五昂斗栱，清嘉庆二年（1797）重修。正殿居于中轴线正中位置，面阔五间，进深四椽，单檐歇山顶，琉璃瓦剪边。殿内梁架为四架梁对后单步梁通檐用三柱。寝宫位于正殿后侧，亦称“后殿”，面阔三间，进深四椽，单檐歇山顶。殿内梁架为前后乳栿相交于中柱通檐用三柱。前檐两角柱身收分明显，柱头卷杀显著。

正殿两侧山墙、后墙和寝殿两侧山墙上保存有清代壁画，其中正殿两侧有一组连环画，共42幅，完整地表现了藏孤救

藏山祠全景

藏山祠正殿

藏山祠牌楼

赵的故事。另外祠内还存有金、元、明碑各 1 通，清碑 82 通，民国碑 1 通，明嘉靖铁焚炉 3 个，明万历二十八年（1600）铸铁钟 1 口。

藏山祠建筑规模庞大，格局比较完整，布局灵活，错落有致，体现了建筑选址与自然环境的和谐统一。

# 西关三圣寺大殿

阳泉市盂县秀水镇西关村内

明代

古建筑

2019年，被国务院公布为第八批全国重点文物保护单位。

西关三圣寺创建年代不详，原名“净土院”，唐贞观五年（631）改称“三圣禅寺”，以大殿内供奉佛祖释迦牟尼、文殊菩萨、普贤菩萨三尊佛像而得名。寺坐北朝南，现仅存一座大殿，为明代遗构，占地面积约467平方米。

大殿面阔五间，进深八椽，单檐悬山顶，琉璃剪边。梁架结构为五架梁对前后双步梁用四柱构造，脊部使用双叉手，上金部使用双托脚。前檐柱头科外转五踩双下昂，后檐为三踩，平身科均用45°斜栱，现龙头式耍头和下昂被后人锯截。平面布局在后槽采用了移柱和减柱两种做法，门窗装修已改。除梁架和四椽栿两侧绘有卷云纹和行龙外，其余梁枋等构件均绘有木纹线，在栱眼壁、东山面象眼处绘有山水或人物画。

西关三圣寺大殿梁架结构受力合理，用材及部件比例协调，反映了明代建筑工艺特点。

西关三圣寺大殿

西关三圣寺大殿梁架

# 庄里龙天庙

位置：阳泉市盂县下社乡庄里村

时代：元代至明代

类型：古建筑

2021年，被山西省人民政府公布为第六批省级文物保护单位。

庄里龙天庙创建年代不详，据殿内梁架题记记载，明弘治十年（1497）重修。寺院原有布局不明，现仅存一座正殿，坐北朝南。

正殿建在石砌台基上，石砌台基长11.4米，宽8米，高0.2米，占地面积91平方米。正殿面阔三间，进深四椽，单檐悬山顶。殿内梁架为三椽栿对前劄牵通檐用三柱。前檐柱头铺作为四铺作单昂；补间斗栱为四铺作单杪，每间一朵；明间除正出华栱外，两侧出斜栱一缝。前檐柱头卷杀和缓，原门窗装修全部不存。殿内主体构架局部元代特征明显，局部斗栱、梁枋、屋面等明代修缮时更换。正殿东西山墙绘有人物壁画，两山墙梁架部位绘有水墨山水画。院内有碑1通。

庄里龙天庙正殿

庄里龙天庙正殿梁架

# 李庄藏山祠

位置 阳泉市盂县西潘乡李庄村

时代 元代至清代

类型 古建筑

2021 年，被山西省人民政府公布为第六批省级文物保护单位。

据碑文记载，李庄藏山祠始建于元至正十六年（1356），明、清均有修葺。祠坐北朝南，一进院布局，东西 18.6 米，南北 46.23 米，占地面积约 860 平方米。现存正殿、戏台和鼓楼，正殿为元代遗构，戏台和鼓楼为清代建筑。

正殿建在石砌台基上，石砌台基长 12.2 米，宽 10 米，高 0.3 米，面积 122 平方米。正殿面阔三间，进深四椽，单檐悬山顶。殿内梁架为三椽栿对前劄牵用三柱，前檐设廊。柱头斗栱为五铺作，补间铺作各一攒，明间出 45° 斜栱。门窗已毁，装修不存。

戏台占地面积 85 平方米，面阔三间，进深七椽，单檐卷棚硬山顶。

鼓楼位于院落西侧，占地面积约 15 平方米，一层基座为石砌券洞，基座东侧设踏步；二层面阔一间，进深一间，单檐悬山顶。

李庄藏山祠全景

李庄藏山祠正殿

# 交口大王庙

位置 阳泉市盂县仙人乡交口村

时代 元代

类型 古建筑

2021年，被山西省人民政府公布为第六批省级文物保护单位。

交口大王庙始建年代不详，据碑文记载，清乾隆三年（1738）、道光十五年（1835）均有重修。该庙坐北朝南，一进院落，东西20米，南北15米，占地面积约300平方米。现仅存一座正殿，为元代遗构。

正殿下设石砌台基，台基长9.4米，宽8.7米，高0.2米。殿身面阔三间，进深四椽，单檐悬山顶。梁架为四椽栿通达前后檐用两柱。斗栱7朵，明间补间斗栱置单昂，出45°斜栱两缝。前檐柱头卷杀和缓，侧脚明显，柱头斗栱为四铺作单昂。山门保留1副石对联，庙内存9通清碑。

交口大王庙正殿

交口大王庙正殿斗栱

交口大王庙山门对联

# 烈女祠

位置 阳泉市盂县孙家庄镇大吉村水神山

时代 明代至清代

类型 古建筑

2004年，被山西省人民政府公布为第四批省级文物保护单位。

烈女祠又称“柴花圣母祠”，为祭祀后周世宗柴荣之女柴花公主而建。其始建年代无考，据祠内钟楼墙上所嵌元至正九年（1349）石碣记载，当时此祠已存在，明、清历代均有修葺。祠坐北朝南，依山就势，分上下两院，占地面积约2001平方米。上院中轴线上自南向北依次建影壁、木牌楼、仪门、正殿（圣母殿），东西两侧建钟鼓楼、东西配殿和耳殿。下院又分上、中、下三台，每台东西各有禅房及碑房。祠西北有两个天然石洞，分别叫“修真洞”“藏身洞”，洞南山崖边建抱泉楼。

正殿面阔三间，进深五椽，三柱五架梁六檩前插廊式结构，单檐硬山顶。殿内设神台，供1尊圣母坐像，高1.5米，端庄慈祥，两旁宫妇塑像各10尊，神态各异，栩栩如生。两侧山墙满绘壁画，东墙绘《圣母出巡图》，西墙绘《圣母回宫图》，色彩丰富，形象逼真。木制牌楼楼额悬挂乾隆二十八年（1763）题刻“后周圣母祠”匾额。祠内另有石碑45通。

烈女祠建筑高低错落，形成一组沿中轴线排列的虚实相交、参差有致、左右对称的建筑群，与水神山的自然环境和谐共生。

烈女祠全景

烈女祠正殿

烈女祠正殿壁画

# 大铁钟

位置：阳泉市盂县苌池镇藏山村藏山祠

时代：宋代

类型：其他

1965年，被山西省人民委员会公布为第一批省级文物保护单位。

大铁钟原悬挂于盂县西关三圣寺钟楼，后移至大王庙保存，现悬挂于藏山祠南洞钟亭。北宋宣和六年（1124）铸造，高2.15米，口径2.86米，重约2000千克。钟钮作两蒲牢拱背俯首状，钮下为双层覆莲绕肩一周，上层花叶八瓣，各铸一字，合为“皇帝万岁重臣千秋”，下层花叶各留传声孔。钟身以线条分隔成双层，共16个方格，格内满铸铭文，共620余字，包括钟铭、捐资人官职、姓名及所施银两、主持、工匠名、铸造日期等，下为葵形口沿，间饰八卦符号。

该钟体量庞大，铭文繁多，并有确切的铸造时间，见证了寺院的久远历史和建筑规模，是研究冶铁史、宋代铸造工艺及官职体系的重要实物资料，具有重要的史料价值。

大铁钟所在藏山祠南洞钟亭

大铁钟纪年铭文